La mente

DE CRISTO

Venciendo distorsiones cognitivas con la palabra

de **Dios**

SARAI ORTIZ

Título: **La mente DE CRISTO**
Venciendo distorsiones cognitivas con la palabra de Dios

Dimensión: 196 p.; 15,24 x 22,86 cm

ISBN: 9798876290793

Edición, diseño y diagramación:
Escuela de Autores
3437 Murcia Ct, Fort Myers, Florida, 33905, U.S.A.
info@escueladeautores.com
+13057078850
(305)707-8850

DEDICATORIA

A la doctora Patricia Vázquez
y al doctor Joalex Antongiorgi,
cirujanos del alma.

AGRADECIMIENTOS

A mi Padre Celestial, a Jesús y al Espíritu Santo, agradezco Su presencia en mi vida. Gracias por no abandonarme ni un instante y hacer este libro posible.

A mi esposo Joseph Rubén Pomales, instrumento de Dios en mi proceso de sanidad, quien ha sostenido mi mano en todo momento. Gracias por tanto, no hay palabras suficientes para agradecerte y devolverte tanto amor. Eres reflejo de la gracia de Dios en mi vida. Te amo.

A mis hijos Faith Ahava, Amy Kalani y David Eli, por hacerme mejor ser humano cada día. Ustedes son mi motor. Los amo.

A mi padre y primer pastor, Librado Ortiz. Tus enseñanzas dieron fruto, soy reflejo de tu amor por Dios y pasión por la Palabra.

A Evelyn Colón, enviada del cielo para llenar un lugar muy importante en mi corazón.

A mi madre, Daisy Esther Morales, mi estrella en el firmamento. Te extraño a diario, pero sigues viva en mí a través de cada una de tus enseñanzas. Tu amor aún me sostiene.

A mis hermanos Gabriel, Yamilet y Omaira. Los llevo conmigo desde nuestros juegos de iglesia hasta la última vez que hablamos. Siempre serán pedazos de mi alma, mis cómplices en todo.

A Yara Liz Colón, te debo la vida. Gracias por abrir las puertas de tu hogar cuando no supe a dónde ir.

A cada una de las personas que ha sido parte de ANDA, este libro es por ustedes y para ustedes.

A la doctora Yina Díaz, quien me dio la asignación de inscribirme en el Desafío Semana del Escritor. Gracias por creer en mí. Este libro es el resultado de esa tarea.

A la Escuela de Autores, por esta maravillosa oportunidad de aprendizaje y por hacer de mi sueño una realidad.

A todas las personas que de una forma u otra hicieron parte de mi proceso de sanidad, de mi crecimiento y de este libro. ¡Gracias!

ÍNDICE

INTRODUCCIÓN

Por años viví una lucha diaria en mi interior. Sentía que no tenía vida y que mi cuerpo desfallecía sin encontrar una respuesta para mi tormento. En incansable búsqueda descubrí que la clave para mi sanidad física, emocional y espiritual estaba al alcance. En aquel momento hice la promesa de que si lograba recuperarme compartiría la cura con el mundo entero, para no permitir que nadie más sufriera como yo.

Mis dolencias no eran pocas y el tormento al que mis pensamientos me sometían hacían que mi vida pareciera un infierno. Hoy puedo decir que soy libre, que pude romper las cadenas que me mantenían atada a una forma de pensar distorsionada. Quizás te encuentras buscando las respuestas a las preguntas que me hacía en aquel entonces: ¿Por qué pienso como pienso?, ¿por qué mi mente me traiciona con pensamientos negativos?, ¿por qué siento ansiedad y depresión?, ¿por qué estoy tan enferma?, ¿acaso Dios se olvidó de mí?

En mi interior resonaba la historia bíblica de la mujer con el flujo de sangre:

"Pero una mujer que desde hacía doce años padecía de flujo de sangre, y había sufrido mucho de muchos médicos, y gastado todo lo que tenía, y nada había aprovechado, antes le iba peor, cuando oyó hablar de Jesús, vino por detrás entre la multitud, y tocó su manto. Porque decía: Si tocare tan solamente su manto, seré salva. Y en seguida la fuente de su sangre se secó; y sintió en el cuerpo que estaba sana de aquel azote." Marcos 5:25-29 (RVR1960).

¿Cómo puedo tocar a Jesús en este tiempo?, ¿cómo tener un encuentro con el Cristo que sana y salva? Encontrar la respuesta a estas y a todas las otras preguntas dieron a luz las palabras que hoy conforman este libro. Es mi oración que puedas encontrar las respuestas que necesitas para sanar tu mente, tu corazón y tu alma.

En este caminar puede suceder que no todas las personas comprendan la ruta espiritual que hoy emprendes, pero este es un proceso en el que tu acompañante será el Espíritu Santo. Bajo la guianza del Padre y las enseñanzas de Cristo, lograrás adentrarte a ese lugar en donde tus pensamientos son completamente transformados para que conmigo puedas afirmar: ¡Tengo la mente de Cristo!

"Pero el hombre natural no percibe las cosas que son del Espíritu de Dios, porque para él son locura, y no las puede entender, porque se han de discernir espiritualmente. En cambio, el espiritual juzga todas las cosas; pero él no es juzgado de nadie. Porque ¿quién conoció la mente del Señor? ¿Quién le instruirá? Mas nosotros tenemos la mente de Cristo." 1 Corintios 2:14-16 (RVR1960).

CAPÍTULO I

PRECIPICIO

Caí, toqué el fondo de mi existencia y abrí mis ojos a la oscuridad. Era urgente ser rescatada de lo que parecía ser un infierno dentro de mi propia mente y del tormento al que sometía mi cuerpo. Tuve que admitir que ya no podía luchar sola. Pedí que me llevaran a la sala de urgencias mientras lloraba porque la vida se me estaba escapando y ya no me quedaban fuerzas para luchar.

Supe que había esperado demasiado. Ya no podía valerme por mí misma y dependía completamente de un hombre, un lobo disfrazado de pastor. No era la primera vez que le pedía ayuda, pero en las otras ocasiones él reprendía mi falta de fe, mi deseo de llamar la atención, mi exageración, o mi mente débil que sufría de pensamientos distorsionados que me robaban la felicidad.

Por meses, el único tratamiento recibido eran las sesiones de liberación a las cuales me sometían semanalmente para sacar de mi cuerpo los demonios que causaban la enfermedad. El pastor no creía en la psicología, ni en enfermedades de salud mental, solamente en aflicciones espirituales causadas por mi pecado, por mi pasado, por las generaciones que vinieron antes de mí. El pastor espiritualizó mi problema sin darse cuenta del maltrato por el que pasaba.

Mi apariencia física era la prueba más contundente de que el sufrimiento me estaba marchitando. Ya la gente comenzaba a preguntarme qué me pasaba y quizás por eso César accedió a llevarme a urgencias por primera vez en dos años. Allí pude ver la preocupación en los ojos de los médicos que percibieron lo que ya sabía en mis adentros: mi vida estaba en riesgo.

Sin entender por qué, me inundó una sensación de miedo y quise escapar. Era como si una parte de mí deseara rendirse, mientras que la otra suplicaba por salvación. Intenté engañar a los doctores, pero fue inútil, mi aflicción era visible y mi diagnóstico era obvio. Luego de varias horas de preguntas, análisis y la visita de varios especialistas, tomaron la decisión de salvarme la vida ingresándome a la sala de psiquiatría.

Eran casi las cuatro de la madrugada cuando llegué al lugar en donde tuve que morir y renacer a una nueva vida. Mi cuerpo delgado, desnutrido y abatido fue desnudado para poder analizar cada vértebra, cada costilla, cada marca y cada herida en mi piel. También revisaron mis pertenencias para retener cualquier objeto con el cual pudiese hacerme daño y fue entonces cuando me despojaron de aquello con lo cual sostenía mi frágil esperanza.

El objeto punzante con el cual, según ellos, ponía en riesgo mi vida, era la espada de doble filo que día a día penetraba hasta lo más profundo de mi alma para limpiar mi corazón. Me quitaron la Biblia cual si fuera una bomba atómica capaz de deconstruir mi mundo porque las creencias contenidas eran peligrosas para mi salud mental.

Emprendí la hospitalización sin mi Biblia, sin mi lápiz y sin mi libreta. Me sentía desprotegida en un mundo desconocido de paredes blancas y frías en el cual tenía que dar la batalla para rescatar mi cuerpo, mi mente, y mi cordura.

Sarai Ortiz, 27 años, 82 libras. Mi cuerpo diminuto no concordaba con las historias vividas. Ese cuerpo que lucía como el de una pequeña adolescente ya había gestado, ya había parido, soportado los abusos y los golpes de la vida. Era como si cada suplicio me encogiese un poco, mi cuerpo reflejaba cómo se iba apagando mi alma.

Los primeros días fueron una nube de humo para mí, no tengo memoria clara de lo sucedido. Estuve medicada y sedada mientras me hacían más estudios para descartar que mi aflicción tuviese una causa física. Por días dormí como no lo hice en los últimos dos años. Desperté con ganas de vivir nuevamente y abrazarme a la esperanza de un corazón que seguía latiendo a pesar de mi dolor.

Depresión mayor recurrente, trastorno de ansiedad generalizada, trastorno de personalidad limítrofe, síndrome disfórico premenstrual y anorexia, eran algunas de las palabras que pintaban en mi expediente el perfil de una paciente difícil, de un caso complicado y desalentador.

Sentía que remaba con el viento en contra al momento en que entré al salón de terapia grupal. Miré los diferentes rostros claramente afectados de personas sufriendo a causa del luto, la ansiedad, la depresión, la esquizofrenia, la codependencia, la adicción; fueron mis compañeros de viaje durante los días que permanecí en la institución. Ellos, al verme, lograron ponerle rostro a la muchacha que pasó días durmiendo y muy pronto se convirtieron en los primeros aliados de mi recuperación.

Sin espejos en los cuales mirarme, porque en psiquiatría no hay espejos, pude dejar de mirar mi aspecto moribundo para enfocarme en trabajar lo que apremiaba: los pensamientos que me mantenían presa. Por primera vez en mucho tiempo sentí que no era invisible, que a pesar de que mi cuerpo parecía estar desapareciendo, mi alma todavía brillaba y renació en mí la pasión por escribir.

Salí de la hospitalización siendo otra persona, pero no del todo la que deseaba ser. Recibir la ayuda que por mucho tiempo una iglesia me negó, afectó mi perspectiva, no de Dios, pero sí de lo que se suponía que fuese el cuerpo de Cristo. Continuaba asistiendo a la misma iglesia que enseñaba que la psicología era una ciencia humana que negaba a Dios y que asistir a terapia era, por ende, pecado. Aunque seguía en esa iglesia casi obligada y no por convicción, en mis tiempos a solas devoraba cada palabra de la Biblia y buscaba sedienta las promesas que me sostuviesen dentro del foso de los leones una noche más.

Mi vida siguió tambaleándose hasta que tuve el privilegio de conocer a dos terapistas que lo dieron todo por ayudarme a salir de la miseria en la que estaba sumida. La psiquiatra Patricia Vázquez me llevó a mirar mi interior y recordar la versión que estaba muriendo. Me alentó a recuperar mis metas, a luchar por mis sueños, y a rescatarme a mí misma, reconociendo que no podría recuperarme mientras siguiera casada con César.

El psiquiatra Joalex Antongiorgi me hizo verme fuera de los diagnósticos. En cierto modo me vio como su igual. El hecho de que fuera su paciente no lo hizo tratarme como menos, por el contrario, buscaba la forma de empoderarme a través del conocimiento. Fue quien me enseñó acerca de las distorsiones cognitivas para que pudiera reconocer las mentiras de mis pensamientos.

En ese proceso de retar mis pensamientos con la verdad pude darme cuenta de que lo que enseñaba la psicología bien podría tener bases bíblicas, a pesar de que existen grupos que piensan lo contrario. Lo que conocí como la Terapia Cognitiva Conductual podía resumirlo en:

"Porque cual es su pensamiento en su corazón, tal es él." Proverbios 23:7 (RVR1960).

Al estudiar este versículo en su idioma original, aprendí que la palabra corazón significa mente. Es decir, eres lo que piensas. La Terapia Cognitiva Conductual enseña que nuestros pensamientos provocan emociones y que estas emociones provocan comportamientos o respuestas. En otras palabras: tengo un pensamiento que me causó una emoción, la cual me llevó a actuar o responder de acuerdo con lo que sentía.

Por esto me era necesario reconocer los pensamientos distorsionados para poder ir reduciendo los síntomas de ansiedad y depresión, las compulsiones del trastorno alimentario, sanar mi autoestima y renacer. ¿Qué son los pensamientos distorsionados? Son patrones en nuestra manera de pensar que nos llevan a interpretar la realidad de forma negativa, pesimista y disfuncional.

Sin darme cuenta, llevaba meses practicando la terapia cognitiva conductual de forma bíblica. En el escenario clínico debía repetir afirmaciones positivas, frases de empoderamiento, escribir mis pensamientos negativos y cambiarlos por versiones más aceptables de la realidad. Sin embargo, no creía nada de lo que decía.

Si bien los estudios demuestran que la terapia cognitiva conductual funciona independientemente de si la persona cree lo que está diciendo o no, yo necesitaba enfrentar la enfermedad con la verdad, no con frases que me parecían trilladas o clichés novelescos. Aunque era la primera vez que se me hablaba del modelo de terapia, reconocía un principio bíblico detrás de los fundamentos científicos que comprobaban la efectividad de esta. Yo no necesitaba frases huecas, sino vencer mis distorsiones cognitivas con la Palabra de Dios.

A causa de ello comencé a formular un método sencillo con el que pudiese trabajar mis pensamientos. Inicialmente resumí el proceso en tres pasos que nombré las Tres *R*: *Reconocer* – *Remover* – *Restaurar*.

Llevaba conmigo la lista de distorsiones cognitivas que el doctor Antongiorgi me entregó para aprender a reconocer cuándo un pensamiento era falso. Mucho se ha enseñado sobre la necesidad de aceptar que tenemos un problema para poder solucionarlo, ya sea una adicción, una enfermedad, o un pensamiento erróneo; no buscaremos ayuda hasta primero admitir que la necesitamos.

Reconocer las distorsiones cognitivas fue un gran paso para mi salud mental. Hoy sé que por años mi mente estuvo plagada de pensamientos falsos que me atormentaban día y noche, robando mi felicidad y mi estabilidad física, emocional y espiritual. Al no saber cuán importantes eran los pensamientos, permití que arruinaran oportunidades en mi vida. No sabía que mi forma de actuar no era más que el producto de mis pensamientos distorsionados.

El segundo paso era **remover**. Lo imaginaba como barrer o limpiar los espacios oscuros de mi mente y tirar todos esos pensamientos dañados al zafacón (bote de basura). Aunque suena divertido y sencillo, la realidad es que me tocó remover cientos de veces un mismo pensamiento porque se vuelven recurrentes, obsesivos y compulsivos. Aun así, me armaba de valor y rechazaba el pensamiento una y otra vez hasta lograr que no regresara más.

Uno de los principios que debí aceptar en el proceso de remover pensamientos dañinos fue el hecho de que, si un pensamiento me estuvo visitando a diario por muchos años, no podía pretender que se fuera de la noche a la mañana y no regresara más. Al principio lo detenía, le decía: "no puedes entrar", pero en momentos de debilidad le abría la puerta y lo dejaba quedarse. Ese proceso se repitió hasta que tuve la convicción de que ese pensamiento no era más que una mentira.

El último paso del proceso era **restaurar** el pensamiento. Al eliminar un pensamiento negativo quedaba un espacio en mi mente por restaurar. Donde había una distorsión era necesario enderezar el camino. En ese proceso de limpieza mental recordaba un Salmo que encierra tanto el proceso de remover como el de restaurar:

"¿Con qué limpiará el joven su camino? Con guardar tu palabra." Salmo 119:9 (RVR1960).

A medida que buscaba respuestas bíblicas a mis situaciones emocionales y espirituales, iba entendiendo una realidad que antes desconocía: la Biblia tiene todas las respuestas que necesito; para cada distorsión cognitiva, para cada pensamiento de ansiedad, de depresión, de minusvalía o de muerte, encontraba una respuesta de Dios en su Palabra. También descubrí que la sanidad emocional y espiritual traen sanidad física. Muchos de los síntomas que estaba experimentando eran psicosomáticos, es decir, tenían sus raíces en lo emocional.

Recuerdo claramente los días en que mi situación de salud era precaria. Mis pensamientos eran mi mayor enemigo, me sentía atrapada en la depresión y mi cuerpo desfallecía. A diario sufría mareos, taquicardias, cambios en la presión arterial, descontroles en los niveles de glucosa en sangre, mis defensas estaban bajas y me enfermaba constantemente.

Los padecimientos de salud mental pueden crear un círculo vicioso, ya que las emociones afectan la salud física y estar enfermo puede hacer que uno se deprima más, se frustre o se sienta ansioso. Esas mismas emociones hacen que el sistema inmunológico siga debilitándose y el ciclo continúa hasta que comenzamos a reconocer la raíz del problema: nuestro sistema de creencias.

Tuve que empezar a preguntarme, ¿por qué pienso de esta manera? Más allá de trabajar mis distorsiones cognitivas y ser intencional en mi manera de pensar, debí entender que mis pensamientos provenían de mis creencias. Nunca me había cuestionado eso antes, y por eso te pido que respondas: ¿te has preguntado por qué piensas como piensas?, ¿por qué reaccionas de la forma en que lo haces?, ¿qué hace que te sientas diferente a los demás?

La realidad es que todas las personas tienen pensamientos compulsivos, distorsionados o negativos. Lo que hace la diferencia entre una persona y otra es la fuente de sus pensamientos, la manera en que los maneja y cuánto tiempo les dedica a ellos.

La fuente de nuestros patrones de pensamientos es el sistema de creencias que comienza a formarse desde la niñez. Lo cual explica por qué muchas condiciones de salud mental, especialmente los trastornos de personalidad, son detonados con base en las vivencias de la infancia. Este sistema se va construyendo a partir de lo que aprendemos y de lo que vivimos. Más allá de lo que se nos pueda enseñar verbalmente, asimilamos el modelaje de las personas que nos rodean y de las experiencias que marcan nuestra vida.

Como consecuencia de nuestras creencias van naciendo los pensamientos automáticos. Si como niños aprendimos que mamá y papá no responden cuando lloramos, vamos a crecer con pensamientos de que nuestras emociones no son válidas, que a nadie le importa cuando nos sentimos mal, e inclusive a encontrar consuelo en lugares externos.

Al llegar a la juventud o a la adultez, puede ocurrir que ya hayamos suprimido nuestras emociones por no ser válidas, que sintamos sospechas cuando una tercera persona se preocupa por nuestros sentimientos, o como muchas veces ocurre, que hayamos canalizado nuestras emociones por medio de la comida, las pertenencias materiales, e incluso, adicciones.

Siendo adultos, muchas veces debemos reconocer que nuestra infancia no fue normal, que los comportamientos y sucesos que normalizamos quizás fueron abusivos, tóxicos o dañinos. Frases insultantes como "no haces nada bien", "eres bruto", "eres un accidente", "qué fea te ves", se convierten en el diálogo interno de quienes las recibieron en su niñez y adolescencia.

En otros casos no fueron las palabras las que causaron el trauma, sino, por el contrario, el silencio. Un niño que se siente abandonado sufrirá de la misma forma porque el abandono también es maltrato.

Es importante recordar que cuando nacemos somos seres completamente dependientes de nuestros padres. A medida que vamos creciendo, la independencia aumenta y comenzamos a tener ideas propias, sueños, pensamientos y metas. En este proceso de desarrollo nuestros padres o cuidadores son las figuras más relevantes de nuestra vida; sus actos y palabras tienen la capacidad de crear en nosotros un joven y un adulto saludable física, mental y espiritualmente, o, por el contrario, causar inseguridades, temores y distorsiones cognitivas que interfieren en nuestro diario vivir.

Además de los padres, los maestros, los líderes, los pastores y las figuras de autoridad juegan un papel importante en nuestro desarrollo. Hay quienes son rescatados emocionalmente por sus maestros, líderes o pastores al convertir la escuela o la iglesia en su refugio emocional. Lamentablemente, también hay casos en los cuales las distorsiones cognitivas son provocadas por estas figuras de autoridad que en su falta de conocimiento causaron heridas difíciles de sanar.

Afortunadamente, Dios, nuestro Padre celestial, conoce nuestra realidad y en su infinito amor su deseo es sanarnos, así como lo hizo con el leproso.

"De repente, un hombre con lepra se le acercó y se arrodilló delante de él.

—Señor —dijo el hombre —, si tú quieres, puedes sanarme y dejarme limpio.

Jesús extendió la mano y lo tocó.

—Sí quiero —dijo—. ¡Queda sano!

Al instante, la lepra desapareció." Mateo 8:2-3 (NTV).

En la época bíblica los leprosos eran considerados inmundos. Por la gravedad de su enfermedad eran aislados de la comunidad y debían caminar anunciando su inmundicia, repitiendo la palabra "sucio" una y otra vez. Aunque la lepra ya no es tan común, podemos comparar la situación del leproso con la salud mental. En la actualidad existen muchos estigmas y muchas creencias falsas acerca de lo que significa luchar contra pensamientos distorsionados en el diario vivir, especialmente cuando somos cristianos.

A pesar de eso, hoy te invito a renovar tu esperanza. Así como Jesús le dijo al leproso, "¡Sí quiero!", hoy te dice a ti: "¡Sí quiero sanar tu mente!", "¡Sí quiero sanar tu corazón!", "¡Sí quiero que seas libre de las memorias de tu pasado!", "¡Sí quiero que experimentes la vida plena que diseñé para ti!". ¿Lo crees? Aun si la incredulidad toca tu puerta, date la oportunidad de descubrir conmigo las distorsiones cognitivas en este viaje hacia el interior.

Capítulo II

MEA CULPA

Hay palabras que duelen más que los golpes. Tal vez mis ojos no estaban amoratados, pero mi alma sangraba adolorida a causa de los gritos, los insultos, las heridas emocionales que tardaron en sanar. Fuera de las puertas de nuestro hogar, él era un pastor respetado y admirado, pero en lo secreto de nuestra morada se convertía en un monstruo irreconocible que se alimentaba de mi debilidad.

César llegó a mi vida en medio del luto. Mamá había fallecido a causa de un cáncer violento y meses después también perdí a mi abuela. Era de esperarse que un gran vacío se formara en mi alma y convenientemente ahí estaba él con los brazos abiertos para consolarme. Cegada por la tristeza, no pude abrir mis ojos ante el verdadero carácter que escondía detrás de sus máscaras mientras me bombardeaba con un amor narcisista que me iba atrapando en su red.

Como sucede a veces, la iglesia quedó prendada de los talentos y el carisma de César: egresado del seminario rabínico, miembro de la comunidad judía, cantante, músico, maestro de la ley, conocedor de la palabra, orador ávido y de temperamento sanguíneo. Esto le ganó un nombramiento instantáneo como pastor asociado de la iglesia, a pesar de que apenas acababa de unirse a la congregación.

Desde un inicio, César dejó ver su interés en mí: hija de pastor, adoradora, escritora, reina de belleza, entendida en la palabra y comprometida con Dios. Una tarde, mientras preparaba la cena en mi apartamento, escuché a César hablando solo, respondiéndole a un emisor invisible, al preguntarle con quién hablaba, me dejó saber que hablaba con Dios y que Él le había revelado que yo sería su esposa. En esos tiempos mi fe era ingenua, pues nunca había conocido a alguien que utilizara a Dios para lograr sus fines, así que creí en sus palabras y entablamos una relación.

Si escogiese una palabra para describir nuestra historia, sería acelerada, nos casamos sin siquiera llevar dos meses de noviazgo bajo la premisa de que el amor es una decisión y no un sentimiento. Por mi inocencia, o tal vez mi fe a ciegas, pensaba que el casarme con un pastor significaba que todo estaría bien y que podríamos vencer cualquier obstáculo de la mano de Dios. Sin embargo, esto no se trataba de su título, sino de su carácter, por lo que nuestra relación estaba destinada a caer por un precipicio.

A pocas semanas de casarnos comencé a experimentar la minimización de mi persona. Por mis talentos, ayudaba a César a escribir sus prédicas, componía canciones, redactaba estudios bíblicos, pero ante la iglesia todo había sido obra de él. Mi deseo no era ser reconocida, más bien demostrar lo que podíamos lograr unidos. Luego él comenzó a criticar mi voz, hasta llegar a decirme que no debía estar en el ministerio de alabanza, mandándome a callar en pleno altar y poco a poco me fui convirtiendo en una simple sombra y se fue apagando mi voz.

A los tres meses de casada descubrí que estaba embarazada. Sentí todas esas agitaciones de madre primeriza: el miedo, la emoción, la incertidumbre, la ilusión. Nunca olvidaré ese día en el cual, a modo de celebración, César insistió en que hiciéramos una salida que, para mi sorpresa, no era otra cosa más que una excusa para satisfacer su adicción. El día que descubrí mi embarazo, César me llevó a un punto de drogas ignorando el riesgo que eso suponía para nuestras vidas y la vida del bebé. Su entrada triunfal a la vida de la paternidad fue fumar una cantidad sustancial de marihuana mientras yo permanecía en silencio, adolorida por la situación.

Esa noche sentí miedo, sus ojos enrojecidos lo hacían ver cual si fuera un demonio. Sus palabras rayaban en lo incoherente, su caminar lento y vacilante era reflejo del arrebato que fumar le había causado. Desde mi perspectiva, estaba comenzando un embarazo con la persona equivocada. La escena que se desarrollaba ante mis ojos no era ni remotamente lo que imaginaba que sucedería el día en que me dieran la noticia de que iba a ser mamá.

Si bien mi embarazo fue uno físicamente perfecto, las vivencias que lo rodearon fueron difíciles de superar. Su dejadez, su desprecio, sus críticas, hicieron que mi embarazo se tornase en uno triste y enlutado. Recuerdo vivamente la incertidumbre del día en que mi niña nació sin tener una cuna para dormir, porque no nos alcanzaba el dinero y yo no sabía ni cómo esconder mi vergüenza para, nuevamente, tocarle la puerta a mi primer pastor, mi papá.

Durante el primer año de matrimonio yo era la proveedora del hogar, mientras César se dedicaba a aprender del pastor general, labor por la cual no recibía compensación alguna. En un principio me parecía honroso trabajar para que él pudiese cumplir su sueño de ser ordenado pastor, pero luego de comenzar a conocer sus máscaras sentí que para él no era un llamado, sino una posición estelar que alimentaba su ego narcisista.

Para lograr su cometido, César trabajaba a tiempo completo en la iglesia y se negaba a buscar un trabajo secular para subsanar las necesidades del hogar. Nuestra inestabilidad comenzó a traspasar el límite de las emociones para adentrarse a la realidad. En menos de un año ya habíamos vivido en tres casas diferentes. Yo hacía maromas con mi sueldo para pagar la renta, las utilidades, la comida, las citas prenatales... apenas me alcanzaba para comprarle cosas a mi bebé.

Mi niña nació en nuestra tercera casa. Fue el parto que había soñado rodeada de mi doula (apoyo para el parto), mi partera, mi ginecólogo y mi mejor amiga. César apenas se hizo partícipe permaneciendo en la sala con su hermano entretenido con videojuegos. Siendo madre primeriza y viviendo tan lejos de mi red de apoyo, las semanas subsiguientes se hicieron muy difíciles desencadenando una depresión posparto que le hacía eco a mi silenciado luto.

Y es que los celos de César sobrepasaban el umbral de los vivos, le molestaba que llorara a mi madre sabiendo que el día que nos casamos habían pasado solo meses de su fallecimiento. Unos días antes de la boda también perdí a mi sobrino que apenas acababa de nacer. Es decir, en el 2009 perdí a mi madre en marzo, a mi abuela paterna en julio y a mi sobrino en diciembre. No en vano mi traje de novia era negro y blanco, pues reflejaba el estado de mi alma dividida entre el luto y la redención. Casi un año más tarde me encontré sola en una cama sosteniendo a mi hija. Mis lágrimas eran un grito de auxilio, pero nadie parecía escuchar.

En ese tiempo descubrí que César había regresado a sus hábitos de fumar marihuana, o que tal vez nunca dejó de usarla. Yo consideraba que su conducta era inaceptable y le reclamé, no solamente como esposa, sino también como cristiana y creyente de que un mal testimonio puede hacer que otra persona se descarrile. Su respuesta se convirtió en una de las distorsiones cognitivas más difíciles de superar: "Estoy fumando porque es insoportable vivir contigo, siempre deprimida, llorando. Es tu culpa. Fumo marihuana para poder estar aquí".

Sentado en el sofá con su actitud de grandeza, César observó mientras me iba desmoronando como un castillo de arena golpeado por la fuerza del mar. A partir de ese momento cada acción que él llevaba a cabo era una respuesta a mi lucha emocional. Si tomaba bebidas alcohólicas, fumaba cigarrillos o marihuana, era mi culpa. Si miraba a otras mujeres y era infiel, yo tenía la culpa. Si se iba de la casa y aparecía días más tarde, era mi culpa. Si me gritaba, era mi culpa. Yo era la causante de todas sus conductas, y era responsable de sus acciones.

Hoy puedo entender las dos caras de la culpa. Por una parte, él era incapaz de aceptar responsabilidad por sus acciones, y por otra, yo aceptaba sus palabras como la verdad. Ambas cosas son distorsiones cognitivas. Culpar a otros puede ser señal de inseguridad, hay personas que lo hacen porque no pueden soportar el dolor de la culpa o la idea del fracaso, mientras que otras, acusan a los demás por el mero hecho de manipular y mantener el control de la situación.

Una persona que culpa a otros constantemente no se hace responsable de sus acciones y, por lo tanto, nunca se disculpa o pide perdón; aunque en el fondo sepa que está actuando mal, mantiene su postura hiriente y no da marcha atrás. Alguien que no se responsabiliza por sus errores no crece, no madura, porque no logra aprender la lección que se encierra en los fracasos. Si no aprende a vencer esta distorsión cognitiva, tendrá problemas en sus relaciones interpersonales a lo largo de su vida.

Por otra parte, la persona que es constantemente acusada llega a creer que verdaderamente es culpable y sufre depresiones a causa de la carga tan pesada que lleva al hacerse responsable por los errores de los demás. Esto es muy común en situaciones de maltrato emocional y es de suma importancia romper con los patrones de pensamientos de culpa, ya que tienen efectos muy negativos para la salud física, emocional y espiritual.

La culpa conlleva castigo. Cuando se comete un crimen, quien lo hizo paga una sentencia ante la ley; también es así en el ámbito emocional y espiritual. La persona que culpa busca, de una forma u otra, castigar al culpado. Este castigo puede ser emocional, como el guardar silencio para mostrar enojo; castigo verbal, profiriendo palabras hirientes; castigo físico, haciendo algún tipo de daño, o incluso privando de la libertad o de necesidades básicas como la comida, el techo o el dinero.

La persona que se siente culpable tiene la tendencia a castigarse. Una de las experiencias más recurrentes que he observado como consejera en los pasados diez años, es ser testigo del odio que las personas sienten hacia sí mismas a causa de la culpa. Ese mismo odio lo sentía dentro de mí, en vez de enojarme con César o terminar la relación, me ensimismaba sintiendo que no merecía amor ni perdón, ni tan siquiera de Dios.

También recuerdo experimentar culpa por ser paciente de salud mental. Me sentía culpable por no ser una persona normal y no ser más fuerte. No entendía que mi enfermedad era el resultado de mis vivencias y que nadie está exento de padecer depresión, ansiedad, ataques de pánico, o cualquier otro diagnóstico relacionado.

De igual forma, no debes sentirte culpable de padecer alguna enfermedad, sea física o emocional. Tampoco debes permitir que otra persona te culpe por un padecimiento que en el fondo preferirías no tener. Pero, sobre todo, no debes consentir que tus pensamientos sean tus verdugos y te señalen día a día a causa de una culpa sin trabajar.

¿Cómo romper los patrones de pensamientos de culpa? Mi respuesta será una y otra vez la misma: con la Palabra de Dios. Por naturaleza humana somos pecadores, desde el inicio de la historia humana vemos un conflicto de culpa. ¿Quién cometió la falta en el Edén?, ¿fue la serpiente por tentar a Eva?, ¿fue Eva por caer en la tentación y llevar a Adán a hacer lo mismo?, ¿o fue Adán el que falló al no proteger a Eva de la tentación y rendir su voluntad siendo él quien debía ejercer la autoridad?

Independientemente de quien cargase el peso de la culpa, la respuesta sigue siendo la misma: Jesús.

Si eres la persona que no acepta sus faltas y necesitas culpar a otros, te invito a reflexionar en lo siguiente:

"No nos ha dado (Dios) el castigo que merecen nuestros pecados; ni nos trata conforme a nuestras maldades." Salmos 103:10 (PDT).

Reconocer tu humanidad y tus faltas es reconocer total dependencia de Dios. Para romper con la necesidad de culpar a otros, es esencial que comiences por aceptar tus debilidades delante de Dios. Una actitud de verdadero arrepentimiento es el inicio de un cambio en tu vida y en la de quienes te rodean.

Nunca es muy tarde para Dios. Si hoy estás leyendo estas palabras no es casualidad, es el llamado del Padre extendiendo Su mano para que comiences un camino totalmente diferente a todo lo que has vivido antes. Delante de Dios no tienes que pretender ser alguien más ni temer ser rechazado por tus faltas, Él conoce cada detalle de tu vida y aun así ha elegido amarte.

Si eres la persona que ha cargado con la culpa una y otra vez hasta cuestionar tu valor, medita en estas palabras:

"Ahora, pues, ninguna condenación hay para los que están en Cristo Jesús, los que no andan conforme a la carne, sino conforme al Espíritu." Romanos 8:1 (RVR1960).

La culpa que cargas en tus pensamientos tiene final en Jesús. Conocer a Jesús es el regalo más hermoso que puedes darle a tu vida. No solo ganarás la salvación eterna, sino que también encontrarás libertad en este tiempo que Dios ha separado para hablarle a tu corazón.

Quizás pienses: "yo conozco a Jesús desde hace mucho y todavía no he sido libre de mis pensamientos". Si es así, te invito a continuar leyendo este libro para que puedas encontrar la sanidad que necesitas a través de las Sagradas Escrituras que nos ha regalado Dios.

Una de las historias que reconforta mi corazón es sobre la mujer sorprendida en adulterio. Quizás la has escuchado antes, pero te invito a leerla una vez más:

"Por la mañana (Jesús) volvió al templo, y todo el pueblo vino a él; y sentado él, les enseñaba. Entonces los escribas y los fariseos le trajeron una mujer sorprendida en adulterio; y poniéndola en medio, le dijeron: Maestro, esta mujer ha sido sorprendida en el acto mismo de adulterio. Y en la ley nos mandó

Moisés apedrear a tales mujeres. Tú, pues, ¿qué dices? Mas esto decían tentándole, para poder acusarle.

Pero Jesús, inclinado hacia el suelo, escribía en tierra con el dedo. Y como insistieran en preguntarle, se enderezó y les dijo: El que de vosotros esté sin pecado sea el primero en arrojar la piedra contra ella. E inclinándose de nuevo hacia el suelo, siguió escribiendo en tierra. Pero ellos, al oír esto, acusados por su conciencia, salían uno a uno, comenzando desde los más viejos hasta los postreros; y quedó solo Jesús, y la mujer que estaba en medio. Enderezándose Jesús, y no viendo a nadie sino a la mujer, le dijo: Mujer, ¿dónde están los que te acusaban? ¿Ninguno te condenó? *Ella dijo: Ninguno, Señor. Entonces Jesús le dijo: Ni yo te condeno; vete, y no peques más." Juan 8:2-11 (RVR1960).*

Esta mujer era culpable, y bajo la ley merecía ser apedreada. Los escribas y los fariseos fueron prestos para acusarla, pero Jesús los hizo cambiar su mirada. En lugar de ver la falta de la mujer, Jesús les hizo entender que ellos también habían fallado. Todos los acusadores se fueron, dejando a la mujer sola con Jesús, y aunque

Él tenía toda la autoridad para condenarla, decidió perdonarla y aconsejarle no pecar más.

Esta historia aplica a ambos lados de la distorsión de la culpa. Quienes condenan a otros deben reconocer que también son merecedores de condena, y los que son culpados deben reconocer que al estar en Cristo hay liberación de la culpa. Sea cual sea tu posición, seas el acusador o el acusado, debes acudir a los pies de Cristo, quien ya pagó con su sangre la libertad de tu alma, de tu mente y de tu corazón.

Aplicación

---

1. ¿Puedes **reconocer** pensamientos distorsionados relacionados con la culpa?

_____

_____

_____

2. ¿Cuáles son esos pensamientos?

_____

_____

3. ¿Cómo te sientes cuando tienes esos pensamientos?

_____

_____

_____

4. ¿Qué sueles hacer cuando llegan los pensamientos de culpa?

_____

_____

_____

5. ¿Deseas **remover** esos pensamientos de culpa?

_____

_____

_____

Recuerda restaurar los pensamientos distorsionados con versículos que contrarresten la culpabilidad.

Oración

Señor Jesús, vengo delante de ti en esta hora, te necesito. Reconozco que mi mente ha estado llena de pensamientos de culpa que me roban la felicidad y el gozo de estar en tu presencia. Por mucho tiempo he sufrido en silencio sintiendo que no merezco tu perdón. Hoy me doy cuenta de que debo perdonarme a mí mismo para poder experimentar el perdón que ya me otorgaste desde el momento que diste tu vida por mí en la cruz del calvario.

Te pido perdón, en primer lugar, por mis fallas y en segundo lugar, porque también he culpado a otros. Tu palabra dice que no hay condenación para los que están en Cristo. Ayúdame a permanecer en ti para que mis ojos puedan ver el día en que mis pensamientos no me acusen, pues sé que no eres tú el acusador, sino aquel quien es el enemigo de mi alma.

Hoy tomo la decisión de remover mis pensamientos de culpa y entregártelos en tus manos que fueron traspasadas por mí. Ayúdame a permanecer firme en este proceso de sanidad mental y a no desanimarme cuando los días no sean perfectos. Hoy comprendo que solo Tú puedes restaurar mi mente y transformar mis pensamientos para que yo también pueda afirmar: ¡Tengo la mente de Cristo!

Esto te lo pido en tu nombre Jesús, sabiendo que me escuchas y clamas por mí delante del Padre. ¡*Amén*!

CAPÍTULO III

PRISIONERA

"y conoceréis la verdad, y la verdad os hará libres."
Juan 8:32 (RVR1960)

Si la verdad nos hace libres, ¿qué nos hace la mentira? Era prisionera en mi propia casa, cautiva de mi mente y también de César, sin darme cuenta. Muchas personas hacen la pregunta: "si estaba siendo maltratada, ¿por qué no se iba?". Ojalá fuera sencillo explicar el ciclo del maltrato y las tácticas narcisistas que atrapan a las personas haciéndoles ver que no pueden salir.

Durante una corta temporada viví cerca de mi familia. Estando junto a mis seres amados tuve la esperanza de renacer, de reunir los pedazos rotos de mi alma y componer una nueva melodía para mi hija Luna y para mí. A César, esa cercanía familiar le parecía una amenaza, mostraba celos hacia mi sobrina porque entendía que mi amor hacia ella era más grande que el que sentía por él. Recuerdo el día que celebramos su quinceañero. Mariangellys lucía preciosa y yo como tía sentía un orgullo inigualable.

En el momento de las dedicatorias, ella me regaló una rosa acompañada de palabras hermosas que llegaron a mi corazón y la emoción hizo nacer lágrimas en mis ojos. César se mostró incómodo, su rostro fue cambiando, haciéndome presentir que se acercaba su ira. Mi sobrina me pidió que bailara con ella y con todo gusto accedí. Al terminar la canción, César me hizo una escena preguntándome por qué estaba bailando con ella y no con él. Me dijo firmemente que nos íbamos de la fiesta y no tuve de otra que acatar sus deseos.

Cada vez que sentía que mi verdadero ser comenzaba a resurgir, César lo devolvía a las sombras, a las tinieblas de la depresión y a los ataques de pánico. Por eso perdí la esperanza. No pasó mucho tiempo cuando los vecinos comenzaron a notar que algo andaba mal, escuchaban sus gritos, los puños que le daba a las paredes para amedrentarme, mi llanto descontrolado, hiperventilando en desesperación. Uno de esos días sentí que no podía más y tomé un cuchillo. Nunca había hecho cosa semejante, así que no sabía qué me esperaba al otro lado de la cortadura.

Al ver mi piel abrirse y sangrar sentí que algo moría dentro de mí, que había traspasado un horizonte del cual no se puede regresar. En ese momento supe que la situación había sobrepasado mis límites, que me había convertido en una persona suicida. Mi infelicidad era evidente y, sin embargo, permanecía en una especie de inercia, en estado de anhedonia (pérdida de interés en la vida), sin fuerzas en mi cuerpo para correr o para pelear.

César continuó su vida como si la mía no estuviese en riesgo, él tampoco era feliz. Fue entonces que llegó la catástrofe destinada a destruirnos, a separarnos, a romper de una vez y por todas con el pacto que hicimos a la ligera sin reconocer las repercusiones de nuestra decisión. César elaboró el plan perfecto y, a pesar de todos los obstáculos, lo ejecutó. Lo que él no sabía era que Dios traería todo a la luz y que por primera vez dejaría ver su verdadero rostro ante los demás.

El plan comenzaba con decirme que no tenía gasolina suficiente para ir a trabajar el resto de la semana, por lo que iba a quedarse unos días en casa de su mejor amigo. Mi papá ofreció darle el dinero para el combustible, pero César se negó asegurando que no quería abusar de su bondad y que necesitábamos aprender a manejar nuestras situaciones sin su ayuda. Al día siguiente salió a trabajar como de costumbre y luego iría a la casa de su amigo Pablo.

Intenté comunicarme con él por horas sin lograr contactarlo. Al día siguiente me llamó temprano para disculparse, ya que llegó tan cansado del trabajo que se acostó en la cama y se quedó dormido con todo y ropa. Quizás en otra ocasión hubiese creído en su historia adornada con detalles específicos para hacerla más creíble, pero esta vez yo sabía todo lo que había sucedido y estaba siendo espectadora de sus manipulaciones y sus mentiras.

Le respondí que la noche antes había hablado con la mamá de Pablo, quien me dejó saber que tan pronto llegó a la casa volvió a irse sin decir a donde. Avergonzado, se disculpó por la mentira y me explicó que la razón por la que me ocultó la verdad es porque iba a encontrarse con Roberto, uno de los amigos con quien usualmente fumaba marihuana y por eso prefirió no decirme. A esta explicación le añadió: "puedes preguntarle a Pablo, él me vio subirme en su carro".

Era duro escucharlo mentir tan serenamente, pero era preciso llegar hasta el final de la situación, por lo que le contesté que la noche anterior también me había comunicado con Pablo, quien no reconocía el carro en el cual se había marchado. Sorprendido, César calculó y respondió: "¡Ah! Es que Roberto estaba conduciendo el carro de su papá". Lo escuché entretejer una y otra mentira hasta que no soporté más y le conté todo lo que sabía.

Esa noche en la cual él no me respondía, yo estaba orando porque presentía que algo andaba mal. En medio de mi silencio comencé a escuchar una palabra en mi interior; puede que para algunos suene a locura, pero esa palabra era la clave de las redes sociales de César. Siguiendo una fuerza que me halaba desde mi interior, ingresé a su cuenta de Facebook y encontré la verdad detrás de todo el plan que hasta ese momento parecía ser perfecto.

En los mensajes encontré una conversación con una muchacha de su pasado. Planificaron el día, la hora y el lugar de su encuentro. Esa noche él no se había quedado dormido, salió de la casa de Pablo, pero no con su amigo Roberto, lo había ido a buscar Zoraida; no ocultaba que estaba fumando marihuana, sino que escondió el hecho de que a medianoche estaba con ella en una playa.

Al verse confrontado, César no encontró otra opción que comenzar a insultarme. En medio de sus gritos y mi llanto, me subí a mi carro y manejé hasta la casa de mi papá que se encontraba cerca. Mi padre, al ver que no salía del carro, se dirigió a donde yo estaba. El teléfono estaba en altavoz y en medio de mi dolor y vergüenza, mi papá por fin pudo entender el infierno que yo estaba viviendo.

Fue un momento heroico cuando mi papá intervino y le dijo a César que no le gustaba como me estaba tratando. Ese momento le hizo honor a su propio nombre pues sentí que me había librado, que por fin mi sufrimiento llegaría a su fin.

Hoy quisiera poder decir que terminó la pesadilla, pero lo que te he contado solo fue la antesala del terror que se desató a partir de ese momento, y cómo se orquestó la distorsión cognitiva que puso mi vida en una pausa indefinida.

César regresó a casa asegurando que nada había pasado entre él y Zoraida, no porque él no quisiera, sino porque ella se negó a causa de que él era un hombre casado. Yo no tenía pruebas de lo contrario, pero ahora que soy un poco más madura, entiendo que si ese fuese su verdadero sentir no habría aceptado verlo a solas, y que el simple hecho de haber planificado todo eso ya podía ser considerado una infidelidad. Rogando, César me pidió una oportunidad para empezar de cero, un nuevo comienzo dejando atrás todo lo que nos hacía daño.

Desesperada por un cambio, acepté su propuesta. Al poco tiempo me encontraba viviendo a casi dos horas de distancia de mi familia en un pequeño apartamento en Isla Verde, con vista al mar, desde un noveno piso, que se convirtió en nuestra sexta casa en menos de dos años. Lejos de todo lo que conocía, vi una oportunidad para crear una nueva persona, mientras que César vio cómo aislarme de una vez por todas de todo lo que era preciado para mí.

El alejamiento de mis amistades y familiares se había dado desde el inicio de nuestro matrimonio, ahora había que continuar el trabajo iniciado en mi interior. Quise retomar mis metas académicas y terminar mis estudios graduados. César se molestó al saber que me interesaba tomar clases presenciales como si eso le representase una amenaza. Mi vida se centraba en ser esposa, madre y ama de casa, y así lo afirmaba César cuando frente a mi mejor amiga me humilló diciendo que yo solo servía para limpiar, cocinar y tener sexo.

A partir de ese momento, mi casa se convirtió en una jaula y yo en un pájaro sin vuelo. El apartamento del piso nueve con vista al mar tenía una sola puerta y tras la puerta un portón del cual solo César tenía la llave. Él se iba a trabajar temprano en la mañana y yo permanecía encerrada hasta su regreso. Las veces que salía del trabajo hacia la iglesia yo pasaba desde el despertar hasta el dormir en encierro junto a Luna. El complejo de viviendas tenía piscina, área de recreo, lavandería y acceso a la playa, pero yo veía todo desde el noveno piso como si fuese un sueño lejano que no podía tocar.

Pasé meses viviendo como prisionera, mis únicas salidas eran a la iglesia en donde constantemente se me juzgaba por mi enfermedad, mientras a César lo elogiaban por su intelecto, su carisma y su espiritualidad. Un domingo invité a mi mejor amiga a la iglesia con el fin de que pudiese reconciliarse con Dios. Luego del servicio fuimos a conversar al apartamento y sufrí otra vergüenza cuando frente a ella César encendió su cigarrillo de marihuana como si se le hubiese olvidado que unas horas antes estuvo ministrando en el altar.

Sin embargo, ese no fue el peor incidente, una noche invitó a varios jóvenes, que consideraba sus discípulos íntimos, y frente a ellos comenzó a fumar marihuana porque, según él, le ayudaba a profundizar en la palabra y abrir los horizontes de su mente. Luego, tomó por costumbre fumar los jueves antes de ir a la iglesia a dar sus estudios bíblicos. Aunque tenía testigos, sabía que nadie me creería, pues de antemano César había comenzado una campaña para desprestigiarme, alegando que yo no estaba bien de la mente, que tenía tratamiento psiquiátrico, y decía y hacía cosas de gente loca.

Sabiendo que decir la verdad solo me causaría más problemas, comencé a pensar en regresar con mi familia. Fue entonces cuando pude darme cuenta de que el aislamiento había hecho su efecto en mí. Una tarde le dije a César que quería irme y comenzó a burlarse de mí diciendo: "Vete, ahí están las llaves". El acto de huida no era tan sencillo, llevaba alrededor de un año sin manejar un carro, por lo cual sentía temor de irme sola con mi niña sabiendo lo peligroso que era el tráfico en esa área.

Aparte, yo no tenía ni un centavo. Desde que César comenzó a trabajar no tuve nada mío. Sabía que si me iba no tendría dinero para gasolina, el peaje o la comida. Cada idea de escape me causaba miedo, terror, pánico. El solo hecho de imaginarme saliendo por la puerta del apartamento me provocaba ansiedad. Si bien era terrible vivir con César, ya me había acostumbrado; sin embargo, la idea de un futuro incierto se distorsionaba en mi mente, haciendo que fuese más fácil permanecer.

Creo que por esto muchas mujeres que han sido maltratadas permanecen en silencio, con la idea de necesitar al abusador, porque a pesar de sus maltratos, provee un techo, comida, o cierto nivel de seguridad; imaginar el futuro se convierte en causa de pánico por lo que permanecer en la jaula significa estabilidad.

Sin darme cuenta, empecé a predecir cosas que no habían pasado, pero que bien podrían pasar. Si me arriesgaba a llevarme el carro podría quedarme en medio de la calle sin gasolina o tener un accidente. Si lograba llegar a mi pueblo, César tomaría represalias quitándome la custodia de Luna. Si buscaba algún trabajo me rechazarían por mi aspecto enfermo o sufriría un ataque de ansiedad frente al entrevistador. Comencé a evitar la vida a toda costa para que nada de lo que pensaba se hiciera realidad.

Mi mente se alimentó de estos pensamientos distorsionados sobre el futuro. En ninguno de ellos yo lograba mi cometido, nunca triunfaba, siempre se presentaba algún obstáculo que me negaba el paso hacia mi salvación. Viendo un futuro tan negativo, mis ganas de vivir se seguían extinguiendo. Recurrí una vez más a la automutilación, pero esta vez, fuera de mi entorno seguro nadie venía a mi rescate.

El encierro me hizo temer a lo que podía pasar fuera de mis cuatro paredes, por lo que me conformé con vivir prisionera. Cuando inició la pandemia en el año 2020, pude ver como muchas personas comenzaron a experimentar lo mismo que yo viví en ese apartamento de Isla Verde.

En un principio era normal experimentar el temor y la incertidumbre ante una enfermedad devastadora como lo ha sido el COVID-19. Las medidas de seguridad e higiene provocaron que se despertara en cada individuo un sentido de urgencia que sobrepasaba los umbrales de la ansiedad. Una vez se abrieron las puertas nuevamente, fuimos saliendo despacio, como niñitos asustados, sin saber qué podríamos encontrarnos allá afuera.

Este temor es la realidad diaria de muchas personas que sufren la distorsión cognitiva de adivinar el futuro, una de las distorsiones más limitantes, porque el temor que produce lleva a un estado de inercia involuntaria que le impide a la persona vivir a plenitud. Sufrir esta distorsión cognitiva significa llorar porque, aunque no haya ningún impedimento físico que nos limite, existe uno mental y emocional que nos mantiene frizados (congelados) ante las posibilidades del mañana.

Como todas las distorsiones, los detonantes y los estresores serán específicos para cada persona, sin embargo, hay varios ejemplos que pueden arrojar luz sobre lo que significa adivinar el futuro de forma distorsionada. En primer lugar, es importante reconocer que como seres humanos no podemos adivinar lo que va a suceder, quizás podamos tener conocimiento de las probabilidades de que algo ocurra basándonos en las experiencias anteriores, pero eso no nos puede asegurar con total certeza lo que va a pasar.

Cuando se tienen pensamientos distorsionados acerca del futuro tienden a ser similares a estos:

- Sé que no me darán el empleo, ¿para qué voy a la entrevista?
- No importa cuánto estudie, fracasaré en el examen.
- Nunca lo lograré.
- Mi vida nunca va a mejorar.
- Voy a estar solo toda mi vida.
- Mi situación no cambiará.
- Si voy a la fiesta, todos notarán mi ansiedad

Este patrón de pensamientos lleva a ver la vida de modo pesimista porque no hay nada positivo a lo que aspirar, toda imagen del futuro ha sido distorsionada para ser vista con lentes de negatividad. Adivinar el futuro es una de las distorsiones cognitivas más comunes en personas que sufren depresión y ansiedad y también suele ser una de las primeras en salir a la luz cuando se comienza el proceso de terapia cognitiva conductual.

Esta distorsión puede ser un obstáculo en sí misma porque si la persona no advierte lo que está sucediendo en su mente, puede asumir la actitud de víctima en su vida y no emplear las herramientas necesarias para recuperarse y vencer las limitaciones que provoca.

En mi proceso, mi hermana Yamilet me dio unas palabras que hoy en día todavía recuerdo. Ella me dijo: "Estás teniendo fe al revés". Sus palabras me llevaron a estudiar la fe, y cuando leí **Hebreos 11:1** entendí que ella tenía toda la razón.

"Es, pues, la fe la certeza de lo que se espera, la convicción de lo que no se ve." Hebreos 11:1 (RVR1960).

La fe es tener la certeza de que algo sucederá, aunque no lo podamos ver. Yo tenía el convencimiento, estaba segura, de que me iría mal, aunque no tuviera prueba alguna de que fuera cierto. Mi fe estaba puesta en una mentira creada por mi mente con base en mi sistema de creencias defectuoso. Para vencer esta distorsión es preciso reubicar nuestra fe en Dios y no en la posibilidad de algo negativo. El versículo que me ayudó a romper con este patrón de pensamientos fue:

"Porque yo sé los planes que tengo acerca de ustedes, dice el SEÑOR, planes de bienestar y no de mal, para darles porvenir y esperanza." Jeremías 29:11 (RVA2015).

Cuando ponemos nuestra fe en Dios aprendemos que Él tiene planes para nuestra vida y que sus planes son de bienestar. Este es el filtro que remueve la distorsión cognitiva de adivinar el futuro.

Eso que estás pensando, ¿muestra ser de bienestar para tu vida? ¿O más bien consideras que lo que piensas muestra un futuro lleno de mal? Dios desea darte un porvenir de esperanza. Si bien es cierto que pueden suceder cosas fuera de nuestro control en la vida, también es cierto que dentro de la voluntad de Dios todas las vivencias cooperan para bien.

"Y sabemos que a los que aman a Dios, todas las cosas les ayudan a bien, esto es, a los que conforme a su propósito son llamados." Romanos 8:28 (RVR1960).

1. ¿Puedes **reconocer** pensamientos distorsionados relacionados con el futuro?

_____

_____

_____

2. ¿Cuáles son esos pensamientos?

_____

_____

_____

3. ¿Cómo te sientes cuando tienes esos pensamientos?

_____

_____

_____

4. ¿Qué sueles hacer cuando llegan los pensamientos negativos acerca del futuro?

_____

_____

_____

5. ¿Deseas **remover** esos pensamientos de temor?

_____

_____

_____

Recuerda restaurar los pensamientos distorsionados con versículos que contrarresten el temor al futuro.

Oración

Padre amado, te doy gracias porque buscas hacerme comprender que tus planes para mi futuro no son los que mi mente me muestra a diario. Hoy comprendo tu deseo de liberarme de esta prisión mental en la cual he permanecido por tanto tiempo. Reconozco mi necesidad de ti para continuar este camino de sanidad mental y emocional que estoy emprendiendo, y que solo a través de tu Palabra podré limpiar mi mente de las mentiras limitantes que son impedimento en mi vida.

Te pido perdón por poner mi fe en la negatividad y la desesperanza. En el día de hoy me comprometo a ser intencional con mis pensamientos y estar alerta para reconocer los dardos del enemigo y detenerlos con el escudo de una fe firme en ti.

Cuando mi mente quiera regresar a esos pensamientos de calamidad, recordaré que tu Palabra fiel y verdadera habla de un porvenir de esperanza, no aceptaré mis pensamientos como una verdad absoluta, porque ahora tu Palabra será la verdad y la vida para mí.

Gracias por la libertad con la que me haces libre en el día de hoy. ¡*Amén*!

Capítulo IV

TSUNAMI

El 11 de marzo de 2011 una triple catástrofe se desató en Japón. Un violento terremoto de magnitud 9.1 en la escala Richter sacudió a la isla por seis minutos, siendo el terremoto más poderoso que había experimentado hasta aquel entonces. Su epicentro, ubicado en el Océano Pacífico fue el causante de un aterrador tsunami que llegó a la costa noreste de Japón media hora después del temblor. Los expertos aún debaten sobre la altura de las olas, especulando que el tsunami alcanzó los 21 metros.

No había culminado el golpe de la ola cuando llegaron los reportes de un accidente nuclear en Fukushima, lo que aumentó el riesgo en el cual ya se encontraban miles de personas en ese instante. Japón estaba siendo devastado, y sin reconocer el porqué, sentía que yo también estaba allí, en medio de la catástrofe, sosteniendo a mi bebé de tres meses, mientras todo lo que nos rodeaba era arrastrado por las corrientes de una fuerza que no podía ver, pero que podía sentir.

El lamentable suceso se hizo noticia por días. Hora tras hora reaparecían las imágenes en los noticieros hipnotizando mi mente con una melodía de terror que provocaba la asfixia tan conocida en mi pecho y entraba en pánico. Similar a Japón, Puerto Rico es una isla que mide 100 x 35 millas. Mi mente hacía cálculos sobre la magnitud del terremoto, la altura del tsunami, la cantidad de damnificados y la posibilidad de sobrevivir a este embate.

Unos meses antes, Puerto Rico había sido sacudido por un fuerte temblor, conocido en la isla como el temblor de Noche Buena. El 24 de diciembre de 2010, pasadas las siete de la noche, me encontraba con César y Luna, quien en ese momento estaba recién nacida, haciendo compras de última hora para la navidad. Estaba en el segundo piso de la tienda cuando comencé a sentir la fuerte sacudida. El desespero instintivo de proteger a mi hija se apoderó de mí, al igual que la impotencia al reconocerme rodeada de peligros.

A mi izquierda estaban los equipos de gimnasio, la torre de bicicletas listas para la venta, toda la sección de deportes; y a mi derecha, los estantes con vajillas de porcelana, útiles de cocina y toda la cristalería. Desesperada, comencé a buscar a César con la mirada hasta verlo al otro extremo de la tienda, al fondo de un pasillo que cada segundo se hacía más largo. Contrario a todo lo aprendido en simulacros, corrí alterada para alejarme del área en la que me encontraba intentando encontrar un lugar menos peligroso.

Una vez terminó el sismo, quise salir corriendo de la tienda, quería irme por la seguridad de Luna, pero César me dijo que parara de llorar, que me calmara y que aprendiera a controlarme. En contra de mi voluntad y de mi instinto materno, tuve que terminar de escoger regalos mientras veía a la mayor parte de los presentes salir apresurados del lugar.

Me sentí desprotegida, que mis deseos fueron ignorados, que Luna y yo no éramos prioridad en esos momentos y que mis emociones fueron invalidadas, como lo seguirían siendo a lo largo de nuestro corto y tumultuoso matrimonio. El tsunami de Japón fue un recordatorio del peligro inminente en el que me encontraba, reconocí que llevaba tiempo viviendo con el sistema de alerta encendido, porque en caso de cualquier emergencia sabía que debía correr sola con mi niña en mis brazos, así como lo hice en nochebuena.

Mis pesadillas se hicieron reales cuando, a pesar de mis súplicas, César me exigió acompañarlo a un retiro espiritual en el Santuario del Mar Azul. Bajo la idea de que era importante enfrentar mis miedos, partimos hacia el lugar cuyas cabañas se encontraban a pocos pasos de la orilla del mar. Al llegar, me encontré con una escena que me pareció escalofriante, empleados gubernamentales trabajaban instalando postes de advertencia, indicando que nos encontrábamos en una zona de tsunami.

A partir de ese momento lo que se suponía un retiro espiritual se convirtió en una pesadilla. En las noches, la falta de iluminación no permitía distinguir en dónde culminaba la arena y comenzaba el despiadado mar. A pesar de eso, podía escuchar el fuerte oleaje en su vaivén, golpeando la costa, azotando mis miedos, causándome un llanto atemorizado hasta que salía el sol.

Por días me sentí ahogada por la ansiedad, los minutos se me hacían eternos frente al mar que se había convertido en uno de mis más grandes miedos. La falta de descanso era evidente, estaba deteriorada físicamente y mi cuerpo ya reflejaba los estragos de la anorexia. Yo era la esposa del pastor y posiblemente la persona que más necesitaba ser libre del temor en ese instante.

Mi mente estaba siendo invadida por pensamientos catastróficos que se fueron armando como un rompecabezas, cada una de mis vivencias traumáticas era una pieza que se añadía creando una imagen desoladora que aumentaba mi ansiedad exponencialmente. Mi mente se había convertido en la zona de desastre misma, el infortunio de Japón era una metáfora de lo que vivía día tras día en mis pensamientos cuando sentía que el peligro me acechaba y era silenciada, minimizada e ignorada.

Cuando aprendí a identificar mis pensamientos catastróficos, pude encontrar que no solo temía a los terremotos y a los tsunamis, también a las enfermedades y a la muerte. Las raíces catastróficas llegaban a los años 90, cuando después de un pasadía en la playa, mi hermana se encontró lo que parecía una pelota en su ingle. No pasó mucho tiempo para que descubrieran que, con apenas ocho años, Yamilet tenía cáncer.

A mis cinco años presencié muchas de sus evaluaciones, lo enferma que despertaba luego de las quimioterapias y lo que lloró el día que perdió todo su cabello. También fui testigo de las oraciones fervientes de mis padres en las madrugadas, los viajes al Centro Médico y hasta aquella vez que estando Yamilet bastante delicada, mi papá nos subió al carro y fuimos a la iglesia con ella recostada en el asiento trasero. Al llegar no salimos del carro, sino que todos los ancianos vinieron a nosotros y la ungieron, oraron con denuedo, declararon su sanidad.

Años más tarde se repitió la historia, esta vez con mi madre. Una llamada del hospital nos convocó para hablarnos sobre un diagnóstico catastrófico con una prognosis (estimación) de dos meses de vida. Dios tuvo misericordia y convirtió esos dos meses en dos años en los cuales mi Margarita pudo reconciliarse con Dios, pedir perdón y perdonar, disfrutar de cada detalle de la vida al máximo y pasar un tiempo sin igual con sus hijos.

A pesar de esta oportunidad divina, su marcha causó un dolor inigualable en mí. Nunca es suficiente para un hijo el tiempo que Dios regala con los padres. Si fuese nuestra voluntad, ellos serían eternos, y lo son, pero no en este plano natural, sino en aquel lugar celestial al cual aspiramos llegar algún día.

Su partida fue el comienzo de una crisis de fe que daría paso a los pensamientos catastróficos. Siendo testigo de enfermedades trágicas, de eventos atmosféricos devastadores, y viviendo un matrimonio tormentoso, era de esperarse que mis pensamientos tomaran la misma forma, pues el barro se amolda al toque de su hacedor. ¡Qué difícil se nos hace someter nuestros pensamientos a las manos del alfarero por excelencia! A veces preferimos ser una vasija chueca que pasar por el cernidor del maestro para ser purificados.

La razón por la cual resistimos trabajar los pensamientos catastróficos es porque este proceso puede ser doloroso. A pesar de que los pensamientos afines a adivinar el futuro, parezcan similares a los catastróficos, estos pueden estar relacionados con el estrés postraumático, es decir, el ser sobreviviente de algún trauma que es una respuesta emocional ante un evento específico o la exposición constante a un ambiente psicológicamente dañino.

Mientras me encontraba sobreviviendo a las situaciones a las que era expuesta, no podía darme cuenta de que tenía experiencias traumáticas que alimentaban más y más las distorsiones cognitivas que ya iban aflorando en mí. Muchas veces intentamos sanar estas distorsiones, ignorando lo que está pasando, negando el hecho de que nuestra mente se ha enfermado y requiere un remedio para sanar.

"Si no pienso en eso, desaparecerá", constantemente me decía a mí misma. El doctor Antongiorgi me demostró lo contrario cuando me dijo: "no pienses en el avión azul" y mi mente, por supuesto, pensó en el avión azul. Ese día la enseñanza fue que cuando intentamos no pensar en algo, estamos precisamente pensando en ello. Para vencer los pensamientos catastróficos tenemos que aceptar que los tenemos, y reconocer su presencia en nuestra mente. Un obstáculo que puede emerger es no recordar el trauma, pero sufrir los efectos de este.

Por mucho tiempo quise enterrar todo lo que había vivido. En el fondo sabía que no podría estar saludable emocional y mentalmente hasta enfrentar las situaciones de mi pasado y las que tenía en el presente. Era muy difícil tocar ciertas áreas de mi vida; cuando oraba, le decía a Dios que dolía demasiado, que era insoportable. Temía tocarlas porque creía que perdería la razón y entraría en una crisis emocional, y no podía darme el lujo de estar inestable en esos momentos.

Lo que no esperaba era que mi cuerpo cediera ante la presión constante que esos eventos traumáticos ejercían. Aunque en lo externo guardaba silencio, en mi interior se amontonaban las voces de mis pensamientos distorsionados. Creía que Satanás aprovechaba esos momentos para susurrarme ideas negativas que merodeaban las esquinas de mi mente. Ese ruido era semejante a tener todas las emisoras de radio sonando a la vez, unas con volumen más alto que otras, y en el fondo la estática constante, casi sentía enloquecer.

La sensación de ansiedad y miedo fueron en aumento hasta que en vez de sufrir el usual ataque de pánico comencé a convulsionar. Fui hospitalizada para que los especialistas encontraran la causa y luego de muchos análisis llegaron a la conclusión de que las convulsiones no eran epilépticas sino psicogénicas. ¿Qué es una convulsión psicogénica? Aunque en lo externo luce igual a una convulsión tónico-clónica, no es causada por señales eléctricas del cerebro como en la epilepsia, sino que sus raíces son psicológicas.

Cuando convulsionaba sentía el tsunami brotando desde mi interior. Sus olas violentas arrasaban con mi cuerpo, haciéndome golpear bruscamente todo lo que se encontraba a mi paso. No entendía por qué me estaba sucediendo hasta que un día mientras convulsionaba llegó a mi consciente una memoria que por años mi cerebro había escondido.

Las personas que han sufrido traumas muchas veces olvidan o bloquean lo que sucedió, es un mecanismo del cerebro para ayudarnos a sobrevivir al impacto del trauma, y cuando el cerebro entiende que ya es seguro, los recuerdos pueden comenzar a llegar, ya sea de a poco, o como el golpe de un tsunami.

Recordar el evento que mi mente había bloqueado me causó una crisis emocional. Usualmente, veía las crisis como eventos negativos, sin embargo, en esta ocasión la pude ver como la señal de que había llegado el tiempo de sanar mis heridas emocionales. El proceso puede ser doloroso, pero los resultados valen la pena; así como la mujer que sufre dolores de parto y olvida todo el dolor al ver su bebé, me permití sentir todo el sufrimiento que había acumulado reconociendo que un día disfrutaría los resultados y mis emociones estarían sanas.

La jornada hacia mi interior tomó tiempo. Los dolores ocultos habían echado raíces profundas que se amarraban a mi alma y a mi corazón. Como una exploradora en medio de la jungla, me iba abriendo paso hacia la profundidad de toda esa maleza, los matojos, los troncos caídos, hasta llegar a ese jardín en donde las flores parecían estar muertas.

Las convulsiones fueron menguando a medida que trabajaba las memorias que se presentaban en mi camino. Las voces en mi interior iban perdiendo volumen hasta ser silenciadas. En esa expedición mi mapa y mi guía en todo momento fue la Biblia, mientras que mi brújula y mi norte era Dios.

A veces me pregunto qué hubiese pasado si trabajaba con mis traumas antes de que llegara al punto de convulsionar. La realidad es que no puedo cambiar lo que sucedió y en aquel entonces me era imposible trabajar con algo que no recordaba. Las memorias de ese tiempo eran similares a una nube de humo, algo borroso que me ocasionaba ansiedad y la certeza de que un suceso catastrófico se había desencadenado.

Si eres alguien que tiene pensamientos catastróficos, es posible que no entiendas del todo cómo llegaste hasta allí. Existen diversas razones por las cuales se desarrollan este tipo de ideas, pero en todas ellas hay un factor determinante: el temor. Por esto, comencé a pedirle a Dios que me ayudara a perfeccionarme en su amor.

"En el amor no hay temor, sino que el perfecto amor echa fuera el temor; porque el temor lleva en sí castigo. De donde el que teme, no ha sido perfeccionado en el amor." 1 Juan 4:18 (RVR1960).

Vivir con temor es sumamente doloroso. Gracias a este versículo sabía que el amor perfecto, el amor de Dios, podía echar fuera todo ese temor que me atormentaba. ¿Por qué no había sido perfeccionada en el amor? ¿Qué estaba impidiendo mi sanidad física, emocional y espiritual? Comencé por reconocer que lo que había sufrido no era algo pequeño y tal vez hoy debas aceptar lo mismo.

Cómo saber si mis pensamientos son catastróficos

Los pensamientos catastróficos son parecidos a los pensamientos de predecir el futuro, pero van más allá. Mientras en los pensamientos de predecir el futuro puedes pensar: "no me van a dar el trabajo", con los pensamientos catastróficos pensarás: "no me van a dar el trabajo y mi vida será destruida para siempre". Este pensamiento será acompañado de emociones de alerta y un temor inexplicable, como si algo horrible pudiese suceder.

Otros ejemplos de pensamientos catastróficos son:

• Pensar que un dolor o síntoma significa que tienes una enfermedad grave.

• Creer que luego de una ruptura no volverás a ser feliz y que el dolor será insoportable.

• Imaginar eventos en donde te accidentas o pierdes la vida.

• Ver las situaciones bajo la perspectiva del peor escenario posible.

Aunque los versículos mencionados en el capítulo anterior también aplican para esta distorsión, es necesario ir a un lugar más profundo para contrarrestar el daño que causan estos pensamientos. Es urgente llegar a los pastos delicados que menciona el Salmo 23 para poder descansar.

Cuando se sufren pensamientos catastróficos se tiene poco o ningún descanso. Noches de insomnio a causa de lo que imaginamos, cansancio extremo y esa sensación de que algo malo podría ocurrir mientras dormimos, son algunas de las consecuencias de la distorsión. La misma falta de descanso aumenta la ansiedad, la depresión, los ataques de pánico, y nos pone en mayor riesgo de tener episodios de psicosis, cosa que puede alimentar aún más la sensación de catástrofe en nuestro interior.

Cuando el terror se apoderó de mis noches fue necesario sostenerme de la fe. La Palabra de Dios dice:

"Así que la fe es por el oír, y el oír, por la palabra de Dios." Romanos 10:17 (RVR1960).

Así como en algún momento los pensamientos catastróficos y distorsionados eran lo único que podía oír, tuve que ser muy intencional en cambiar lo que estaba escuchando. Desde música cristiana con contenido bíblico, hasta leerme a mí misma la Biblia en voz alta, empleé diferentes formas de oír la Palabra de Dios para avivar la fe que estaba menguando en mí.

Hoy te invito a tomar la decisión de reconocer y remover los pensamientos catastróficos para que sean quitados y restaurados por la palabra de Dios. A diferencia de las catástrofes naturales, los pensamientos catastróficos pueden prevenirse y eliminarse.

Aplicación

---

1. ¿Puedes **reconocer** pensamientos catastróficos en tus patrones de pensamiento?

_____

_____

_____

2. ¿Cuáles son esos pensamientos?

_____

_____

_____

3. ¿Cómo te sientes cuando tienes esos pensamientos?

_____

_____

_____

4. ¿Qué sueles hacer cuando llegan los pensamientos catastróficos?

_____

_____

_____

5. ¿Deseas **remover** esos pensamientos?

_____

_____

_____

Recuerda restaurar los pensamientos distorsionados con versículos que contrarresten el catastrofismo.

Oración

Mi amado Dios, vengo delante de ti con toda la sinceridad de mi corazón, reconociendo que en mi mente hay pensamientos catastróficos que me paralizan emocionalmente. Te doy gracias por permitir que haga conciencia sobre estos pensamientos para que pueda entender que no provienen de ti y que Tu voluntad es que sea libre del temor que me causan.

Hoy decido renunciar a este patrón de pensamientos tergiversados para que pueda crecer mi confianza en ti. Como dice el *Salmo 53:6: "En el día que temo, yo en ti confío".* Confiar en ti y crecer en tu amor serán mi forma de vencer los pensamientos catastróficos. El día en que sienta la tentación de regresar a ellos recordaré que aun dentro de las peores circunstancias tú estás conmigo, así como estuviste con Daniel en el foso de los leones, o con Sadrac, Mesac y Abed-nego en el horno de fuego *(Daniel 3:16-30)*. Tu amor me alcanza en cada una de las situaciones que enfrento en mi vida, mi confianza está en ti.

Te doy las gracias por permitirme abrir los ojos, ver tu palabra de una forma más profunda y entender que tienes respuesta para cada pensamiento distorsionado que me visitaba. Hoy tengo la certeza de que puedo transformar mi mente a través de tu palabra y pronto veré los frutos de tu palabra en mí.

Gracias por tanto, mi Dios. ¡*Amén*!

Capítulo V

FLACA

Parte I: Credo

16 de abril de 2019

Arroyo, Puerto Rico

Hice pacto con los dioses del hambre. Firmé mi nombre en su libro de conversos. Memoricé los mandamientos asignados a mi cuerpo y aprendí a castigarme cuando el apetito me hizo fallar. Conté cada caloría que se sumergía en mi boca, repudié cada bocado que llegaba a rozar los adentros de mi garganta. Corría al lugar secreto para buscar justicia sobre una balanza y me odiaba cuando los números no se habían encogido a mi favor.

Doblaba el abdomen, cien veces, doscientas veces, cuantas cientas veces fuera necesario para endurecer el pecado que residía unas cuantas capas debajo de mi piel. Observaba mi transgresión frente al espejo, sabiendo que me poseían óleos que se paseaban por mis arterias. Mi deber era exorcizarlos, expulsarlos de mi templo, hacer hasta lo imposible por purgar cada pedazo de la última cena, o de la primera, o de lo que hubiese comido ayer.

Los dioses del hambre son crueles. Evalúan el espacio que ocupas en el planeta y sugieren que es demasiado. Es necesario encogerse otro poco, y a veces exigen tanto que logran hacerte desaparecer. Ser más delgada, ser más perfecta, ser diminuta, hacer que tus huesos emerjan desde el fondo y planten bandera por encima de tu piel, que los muslos no se toquen, que tus rodillas duelan, que tus costillas parezcan xilófono afinado perfectamente con tus ganas de comer. Pero no comes, es el sacrificio que demandan los dioses.

Me prometieron la belleza que escondían en un joyero, me dijeron que podría ser su eterna bailarina. Me juraron la felicidad que le faltaba a mi sonrisa y el éxito que proviene de usar una talla inferior. Menos era más, menos tela, menos curvas, menos cuerpo, menos peso, menos, me iba esfumando lento, menos… Vi mi cuerpo de mujer transformarse en una niña. Vi mis caderas desaparecer, y mis senos, y mi pelo, que cada día se hacía menos. Era el hambre, la desnutrición acariciando mis cabellos y luego mi pecho, mis adentros. Mi corazón se hizo lento, se detenía a veces el tiempo, pero los dioses susurraban a mi oído: menos… menos.

Despertaba y escuchaba su voz primero, me obligaban a jurar fidelidad al hambre y cuando la tentación de abrir mis labios a la comida se acercaba me mostraban la distorsión de mi cuerpo enfermo. Pellizcaba mi piel trastornada, me odiaba. Arañaba las paredes de mi alma ante la imposibilidad de escapar sus formas, su silueta imperfecta. Y odiaba también al mundo por no comprender mi devoción al hambre, ya faltaba poco, ya casi lo alcanzaba, ya estaba al borde del precipicio del hambre y los dioses me hacían porras para que me lanzara a la profundidad.

Caí de golpe, mis ojos despertaron a la realidad. Mis huesos eran alfileres, mis cabellos pajas tristes en otoño. Me detuve frente al espejo y vi mis ojos negros, mi piel marchita, mi semblante seco. Al final del abismo solo se encontraba la muerte, a unos pasos de mi encuentro pedí misericordia al Dios verdadero y rendí mi cuerpo. Los dioses del hambre seguían burlándose de la ingenuidad que me hizo creer cada una de sus promesas. Eran sanguijuelas que se alimentaban de mi tormento, mi debilidad los hizo fuertes, me hicieron desfallecer.

Ya sin fuerzas para luchar, para comer o para vivir, la oportunidad se hizo presente. La salvación ya no sería gratuita porque me costaría renunciar a todo lo que un día se hizo credo. No fue fácil limpiar mi mente de las mentiras, aún hay veces que siento escuchar a esos dioses susurrar mi nombre y prometer una vez más darme algo a cambio de mi hambre; pero recuerdo, recuerdo el rostro de la muerte, recuerdo un hombre posándose a mi lado, tomar mi cruz, y seguir caminando para que yo tuviera una última oportunidad de vida, lejos del hambre, de los falsos dioses, de la distorsión de mi cuerpo, lejos…

Cierro mis ojos y lo veo sangrar por las heridas que me fueron provocadas al caer. Él hizo de mi cuerpo, su cuerpo; mi sed se convirtió en su sed. Los dioses del hambre lo tomaron preso y burlándose de su nombre lo hirieron. Él guardó silencio, pero sus ojos le hablaban a mi cuerpo: "Talita cumi", y el hálito de vida se hizo real en mis adentros. Clamó en alta voz rindiendo el último suspiro hacia los cielos, y terremotos se sintieron entre mis huesos que comenzaban a tomar una nueva vida dentro de mí. Profecías se hicieron carne, testimonios tejidos entre mis dedos, mis palabras, metáforas de la sangre que se derramó por mi nombre y me despertó de la muerte minutos antes de partir.

Parte II:

Al salir de mi escondite sentía que todas las miradas se clavaban en mi cuerpo como diciendo: "Se está muriendo de flaca", "Esa niña está enferma". Ninguna cantidad de ropa era capaz de esconder el cuerpo huesudo que la anorexia me había provocado. A pesar de estar viviendo la segunda mitad de mis veinte, la talla de mi ropa era la de una niña preadolescente. Me seguía encogiendo, como si mi cuerpo fuese reflejo de lo diminuta que se sentía mi alma. Mis ojos ya no brillaban y mi mirada contaba la historia triste de una estrella en extinción.

Ya no me atrevía a ir a las tiendas porque debía buscar ropa en el área de niñas. Con mi hija de dos años cargada en mi cintura, mi cuerpo se mostraba más frágil, cual si fuese a caerse en pedazos en cualquier momento. "Quizás es adicta a las drogas", pudo pensar alguien. La última vez que había pesado tan poco de seguro tenía menos de doce años, mi cuerpo de mujer se había marchitado, ya no quedaba nada de las curvas que había ostentado desde mi adolescencia. Me sentía como una sombra.

A sus catorce años, mi sobrina Mariangellys se hizo parte de la solución a mi problema. Toda esa ropa que ya no le quedaba, los vestigios de su infancia, pasaron a ser las únicas ropas que podían ajustarse a mi cuerpo. Recuerdo la felicidad que me embargó al por fin poder vestirme bonita, a pesar de que estaba a punto de llegar a las ochenta libras.

Quise volver a maquillarme y arreglar mi cabello, pero ni siquiera con la ayuda de los cosméticos podía esconder mi piel opaca y mis ojos vacíos. Mi cabello estaba reseco y mi sonrisa no lograba ocultar el infierno que llevaba en mi mente y el que vivía en mi cuerpo. "¿Qué enfermedad tiene ella?" Me subía a la báscula diariamente y lloraba porque seguía perdiendo peso. Siempre sentía frío y me dolían los huesos. "¿Se estará muriendo?" Tampoco quería engordar, ese era el dilema, esa es la lucha del desorden.

En una ocasión me dijo el médico: "es que eres un limón". La única vez que había escuchado la frase de que algo fuese un limón era para referirse a los carros viejos que apenas corren. "Una mujer averiada", "una señora defectuosa". Aún no llegaba a las cien libras, pero el doctor dijo: "estás engordando en grasa, tienes que hacer abdominales", ignorando por completo que estaba alimentando el trastorno, aconsejándome hacer lo que precisamente me llevaba a querer seguir perdiendo peso.

Mi partera Giselle pudo ver lo desgastado de mi cuerpo y no logró ocultar las lágrimas de sus ojos: "¿Será cáncer?". Mi desesperación no me dejaba ver lo que le era tan claro al resto del mundo. "Está flaca, flaca"; creía poder escuchar todos sus pensamientos cuando me miraban y sus ojos hablaban del espanto que sentían al verme rozar los bordes de la muerte.

Algunos días veía cómo las gentes pensaban en lo flaca y moribunda que estaba, otros días, las gentes sentían asco al verme comer. Sentada en el restaurante sentía las miradas como alfileres penetrantes. "¡Qué asco!, ¡Se va a poner gorda!". Entonces se me quitaba el diminuto apetito que llevaba y decía que me llevaría la comida para comer después. "¿En dónde mete la comida esa niña?" Y sentía las náuseas y la culpa por haberme dado un atracón luego de meses pasando hambre.

"Estás mala de la mente", decían los suspiros de la enfermera mientras monitoreaba mis vitales para luego decirme: "Todo está normal. Tú estás bien". Y salía de la consulta frustrada porque nada ni nadie parecía poder rescatarme de mí misma.

Distorsionada, completamente distorsionada porque creía saber lo que la gente pensaba de mí sin que abrieran la boca. ¿Te ha sucedido? Llegas, tu mirada rastrea alrededor y tus sensores comienzan a susurrarte: "ella piensa que estás gorda", Luis no te quiere aquí", "le caes mal a María", "mejor no hubieses venido", "tu prima está diciéndole a tu tía que te ves vieja, flaca, enferma, depresiva, loca". Esta distorsión cognitiva se llama leer la mente.

La lectura de la mente es una forma de pensamiento automático en donde se asume saber lo que los demás están pensando y sintiendo sin tener evidencia alguna de ello. Como seres humanos no podemos leer la mente de los demás, tal vez podamos asumir ciertas posibilidades basándonos en experiencias del pasado, pero aun así no podemos saber a ciencia cierta qué piensan y sienten otros.

Esta distorsión cognitiva no solo se presta para malentendidos y discordias, también puede causar ansiedad social y aislamiento, ya que cuando leemos la mente de los demás usualmente lo hacemos bajo un filtro negativo que nos hiere, pues simplemente refleja nuestras inseguridades.

Sí, ver una persona con anorexia severa puede ser impactante, pero esas personas que se topaban conmigo no necesariamente estaban pensando esas cosas acerca de mí. Quizás querían ayudarme, tal vez sentían ganas de hablarme y no se atrevían, o quién sabe si sentían curiosidad. Pero mi mente, ¿qué decía? Que me estaban juzgando, que se burlaban, que decían cosas que no eran la verdad. ¿De dónde provienen estos pensamientos? Del miedo al rechazo.

Cuando necesitamos la aprobación de otros para sentir que tenemos valor, creemos que los demás nos miran con los lentes de nuestras propias inseguridades. Si es nuestra habilidad académica, podemos tener pensamientos automáticos en donde los demás se refieren a nosotros como brutos o burlándose de nuestro conocimiento. Si es el cuerpo, pensaremos que al llegar a un lugar todos comenzarán a mirarnos, a evaluarnos y a señalar esas partes que nos parecen menos atractivas.

También suele suceder que vemos a otras personas riéndose o contándose un secreto y el pensamiento automático es: "se están riendo, están hablando mal de mí". Esto puede ser real algunas veces o lo fue en algún momento de nuestra vida, pero no significa que todos estén al pendiente de lo que hacemos, de cómo nos vemos o lo que sentimos. La mayoría de las veces esta distorsión miente y la gente está simplemente viviendo su vida, riendo, contando secretos, perdida en algún pensamiento, o sonriéndonos genuinamente.

Conocer esta distorsión cognitiva me hizo entender que todas esas cosas que creía que los demás estaban pensando de mí no eran más que inseguridades brotando desde mi interior. No eran los demás los que debían cambiar sus pensamientos, era yo la que tenía que ponerle un alto a esta distorsión y reconocer la raíz de mis inseguridades.

La anorexia es una promesa distorsionada de encontrar la belleza al otro lado de la balanza que muestra un bajo peso. Antes de despertar a la realidad me enorgullecía mostrar mi cuerpo delgado, modelar y posar para fotos. Me sentía atractiva y poderosa. Pero esa sensación duró poco, pues las consecuencias del trastorno no tardaron en llegar y perdí lo que me hacía ser la persona inigualable que era antes de caer en la trampa.

Una vez desperté, comencé a ver el mundo con sospecha: "Ella me está mirando porque estoy muy flaca", "la señora cree que estoy enferma", "la partera está llorando porque cree que me estoy muriendo", "el doctor me trata indiferente, como si yo fuese una adicta a las drogas", "mi papá está pensando que estoy mal de la mente", "mi familia está hablando a mis espaldas", "ya se están dando cuenta del maltrato". "No quiero que me vean". "No quiero pensar en nada". "Quiero callar las voces en mi cabeza. "¡Ayúdame, Dios mío! ¡Necesito silencio!"

Las distorsiones cognitivas suceden simultáneamente. Es agotador sentirse culpable de todo, predecir el futuro de forma negativa, tener pensamientos catastróficos, sobregeneralizar y leer los pensamientos de todas las personas que te rodean. Una distorsión se alimenta de la otra. Por eso es importante diseccionarlas, desmembrarlas, reconocer sus sistemas operativos, llegar hasta la creencia falsa que las hizo nacer.

Inseguridad, esa tiende a ser la raíz de leer la mente de los otros. ¿Cómo nos puede ayudar la Palabra de Dios a vencerla? A mi parecer, nos ayuda de muchas maneras, pero la principal, es reconocer el amor incondicional y la aceptación de Dios hacia nosotros. Uno de los versículos que me hablan acerca de ese amor inigualable es:

"Porque de tal manera amó Dios al mundo, que ha dado a su Hijo unigénito, para que todo aquel que en él cree, no se pierda, mas tenga vida eterna." Juan 3:16 (RVR 1960).

Este versículo es muy conocido y muchas personas pueden recitarlo de memoria, pero, ¿qué significa? Como madre he imaginado la posibilidad de entregar a uno de mis hijos para salvarle la vida a alguien. ¿Entregarías un hijo para salvarle la vida a un delincuente?, ¿permitirías que un hijo tuyo fuera azotado para recibir el castigo que debía recibir un asesino?, ¿dejarías que tu hijo fuera clavado en una cruz siendo inocente? En el fondo sabemos que contestaríamos un rotundo no.

¿Qué sería del humano si Dios dijera lo mismo? A diferencia de nosotros, que no podemos conocer los pensamientos de los demás, Jesús sí conocía los pensamientos y los corazones de quienes le rodeaban, y aun así obedeció la voluntad de su Padre y dio su vida voluntariamente para salvarnos. Esta salvación incluye la transformación de tu mente en el presente, pues una vez reconocemos a Jesús como el único que puede salvarnos, nuestras vidas comienzan un proceso de transformación maravilloso que incluye la sanidad y renovación de la mente.

"No vivan según el modelo de este mundo. Mejor dejen que Dios transforme su vida con una nueva manera de pensar. Así podrán entender y aceptar lo que Dios quiere y también lo que es bueno, perfecto y agradable a él." Romanos 12:2 (PDT).

En nuestro caminar con Cristo, parte de la obra del Espíritu Santo es transformar nuestro interior. Queda de nosotros reconocer que:

Somos una nueva criatura en Dios: *"De modo que, si alguno está en Cristo, nueva criatura es; las cosas viejas pasaron; he aquí todas son hechas nuevas." 2 Corintios 5:17 (RVR1960).*

Debemos dejar atrás el pasado: *"En cuanto a la pasada manera de vivir, despojaos del viejo hombre, que está viciado conforme a los deseos engañosos, y renovaos en el espíritu de vuestra mente, y vestíos del nuevo hombre, creado según Dios en la justicia y santidad de la verdad." Efesios 4:22-24 (RVR1960).*

Dejar atrás el pasado no se trata de actuar como si nunca hubiese existido o como si no nos doliese, sino sanar todo lo que pueda resultar en un obstáculo en nuestra nueva forma de vivir. He visto casos en donde Dios trabaja milagrosamente con las personas, sanando por completo sus emociones y liberándolas de cargas pesadas de depresión, ansiedad, ideas suicidas y dependencia a medicamentos. Pero también he sido testigo de cómo Dios guía a la persona en su valle de sombra de muerte para que reconozca que, aun en ese lugar, Su presencia está, por lo cual no debe temer.

Mi transformación mental no ocurrió de la noche a la mañana, aunque muchas veces deseaba que así fuera. Pero fue precisamente ese proceso el que me llevó a tocar cada uno de mis traumas y cambiar el dolor en testimonio, en algo que ya no dolía ni obstaculizaba el propósito que Dios tenía preparado de antemano para mí.

Aplicación

---

1. ¿Puedes **reconocer** pensamientos distorsionados relacionados con leer la mente?

2. ¿Cuáles son esos pensamientos?

3. ¿Cómo te sientes cuando tienes esos pensamientos?

_____

_____

_____

4. ¿Qué sueles hacer cuando llegan pensamientos acerca de lo que los demás pueden estar pensando?

_____

_____

_____

5. ¿Deseas **remover** esos pensamientos?

_____

_____

_____

Recuerda restaurar los pensamientos distorsionados con versículos que contrarresten la inseguridad.

Oración

Hoy me presento ante ti Dios con un corazón contrito y humillado, reconociendo que necesito afirmar mi relación contigo: Padre, Hijo y Espíritu Santo. Tu palabra dice que en ti somos una nueva criatura y que las cosas viejas pasaron para dar lugar a las nuevas. Hoy te entrego todos mis pensamientos distorsionados, rotos y heridos porque son parte de mi viejo ser y te pido que en su lugar pongas pensamientos de vida, de sanidad, de libertad; pensamientos maravillosos de ti, mi Dios.

En este día reconozco algo muy importante: solamente tú eres omnisciente, solo tú tienes el poder de saber todo lo que sucede, de conocer los pensamientos más secretos de cada persona y las intenciones de su corazón. Por mucho tiempo pensé que yo también podía saber lo que los demás pensaban de mí y en mi mente creaba escenas que solamente me causaban inseguridad y dolor. Hoy rindo esas distorsiones delante de ti, sabiendo que en ti lo torcido es enderezado. Encauza mis pensamientos Dios.

Te agradezco, Señor, porque en cada versículo encuentro una revelación para mi vida, mi mente y mi corazón. Tu palabra es reflejo del amor tan grande que has tenido para mí, y es mi deseo amarte con todo mi corazón, con toda mi alma y con toda mi mente. Ayúdame a tener un corazón limpio, un alma dispuesta y una mente sana para poder amarte de la forma en que mereces porque tú eres el Rey y Señor de mi vida. ¡*Amén*!

CAPÍTULO VI

DESOLADA

Estaba cerca de cumplir mis dieciséis años cuando tuve que vivir uno de los días más sombríos de mi vida. Recuerdo que era sábado y como toda adolescente, eso significaba dormir unas horas de más. Mi mamá intentó despertarme para que la acompañara a hacer sus diligencias, pero no hubo forma de que me despegara de la cama. Por muchos años me pregunté si el desenlace hubiese sido otro si yo hubiese despertado temprano esa mañana de julio.

La dinámica en el hogar había cambiado bastante tiempo atrás. Era como un secreto a voces, como el elefante en el cuarto que todos ignoran, como el león que espera pacientemente que su presa se descuide para atacar. Mami estaba distraída por la voz que le susurraba en su oído sin saber que en este ataque todos saldríamos heridos. Nadie puede salir triunfante en una pelea sucia, pues donde existe el engaño no hay ganador.

Como no hay nada que permanezca oculto, era necesario que las palabras del poeta salieran a la luz. Fue una postal escondida la que salió de su escondite secreto para revelar lo que todos sospechábamos: mi mamá tenía un amante. Sumar cada grafema y entender el rompecabezas que se iba armando entre mis manos hizo que un dolor silencioso llegara hasta los tuétanos de mi cuerpo y tragué hondo para no llorar delante de mi padre. Estoy casi segura de que en ese momento él sentía lo mismo, sabiéndose humillado por la mujer que prometió amarlo.

"¿Por qué hiciste eso mami?" Era la pregunta que me repetía mientras esperaba su llegada. Los segundos dolían como si las manecillas del reloj se hubiesen convertido en dardos cuyo blanco era mi corazón. Sospechaba que esa noche nuestro núcleo dejaría de ser lo que siempre había sido y mi sueño de familia perfecta se convertiría en los pedazos rotos de una ilusión. ¿Cómo llegamos a esto?, ¿en qué momento la realidad se convirtió en ficción?, ¿qué pasará conmigo?" Mi hogar se derrumbó.

Nunca había experimentado tanta ansiedad y era apenas el comienzo. Mi hermana recién había cumplido diecinueve años y tuvo que hacerse la adulta en ese instante para entregar la noticia que me rompería en pedazos. Sus palabras traspasaron mi corazón como una estalactita de hielo y mi temor más grande se materializó: "mami no va a volver a casa".

Esa noche lloré tanto como lo hice en su partida eterna. No logré extinguir el llanto por meses. Sin importar las razones que la llevaron a tomar su decisión, mi mente adolescente solo entendía una cosa: "mi mamá me dejó por un hombre". La primera vez que estas palabras salieron de mi boca, el dolor era tan poderoso que las personas que me rodeaban también comenzaron a llorar. Esa fue su primera muerte, mi primer luto, y mi mayor distorsión.

Los psicoanalistas podrán deducir que este fue el momento que detonó el trastorno de personalidad fronteriza que me diagnosticaron casi diez años más tarde. El dolor de haber sido abandonada, el vacío existencial en mi pecho, la necesidad de recostarme en el suyo y no poder porque me la arrebató el adulterio, la mentira, el desamor. El divorcio de los padres no debe significar el abandono de los hijos, pero ella estaba lejos, donde mi voz no la alcanzaba en un tiempo cuando la tecnología todavía no creaba puentes que acortaran las distancias.

A partir de ese momento sentí que estaba viviendo dentro de una película de horror, mi vida era una tragedia. Mi papá hacía lo indecible por mantener la estabilidad de nuestro hogar roto, pero yo callaba, nunca le dije lo destrozado que estaba mi corazón. No sabía verbalizar lo que hoy me parece obvio, estaba sufriendo una gran depresión. Al terminar el verano tuve que poner mi mejor cara, pues era tiempo de volver a la escuela. Yo llevaba el mismo rostro y el mismo nombre, pero en mi interior ya no era la misma, mi mamá se llevó consigo un gran pedazo de mi ser.

Hasta ese momento había sido una estudiante sobresaliente, pero no pasó mucho tiempo cuando en vez de entrar a clases iba a la iglesia católica ubicada en la plaza del pueblo y me sentaba en el último banco a llorar. Secretamente deseaba que el sacerdote o cualquier persona me notara y hablara conmigo para poder desahogar mi alma, pero nadie se acercó en ese tiempo y me seguía hundiendo en el lodo negro de la depresión.

Como era de esperarse, mis notas comenzaron a bajar. Los días que sí entraba a clases me sentía perdida, no sabía si había tarea o examen. Ni siquiera se me pasaba por la mente la posibilidad de fracasar el semestre, de tener que repetir el año, no me importaba nada y entonces recibí otra puñalada sobre mi fracturado corazón.

Fue en una tarde de octubre cuando me encontré a mí misma en una pesadilla: fui tomada a la fuerza y abusada sexualmente en el sótano de la escuela. Mis "no" y mis gritos no fueron suficientes para detener a ese muchacho que forzó su cuerpo en mis adentros para terminar de destruir lo poco que quedaba intacto en mí.

Caminé hacia la estación de carros públicos ultrajada, adolorida, sintiendo un ardor desconocido que me quemaba, con el miedo de saberme sangrando y no querer mirar. Regresé a un nido vacío, a una casa sin madre a la cual confesarle lo sucedido, sin poder lanzarme en sus brazos a llorar la amargura que me embargaba en ese momento. En medio de la soledad del hogar decidí bañarme para limpiar la suciedad que sentía en mis adentros, pero ninguna cantidad de jabón podía quitar la sensación de la violación de mi piel.

Sentí vergüenza delante de Dios, pues hacía unos años le había prometido permanecer pura y dedicarme a conocer su palabra hasta que llegara a mi vida el verdadero amor. Sí, era una idea trillada para muchos, pero para mí, un pacto inquebrantable, una promesa de dedicarme a Él y no a lo efímero y vacío. Ahora me habían quitado la oportunidad de cumplir ese pacto, robándome algo que no les pertenecía, algo que era mío para entregar voluntariamente, pero que tomaron a la fuerza causándome tanto daño y dolor.

Tampoco me atrevía a decirle a mi padre, quien a esas horas aún estaba en su trabajo. Supe que debía asumir mi nueva realidad adolorida mientras una distorsión cognitiva tomaba forma para hacerse una de las más poderosas en mis patrones de pensamientos negativos.

"Si mi mamá, que es la persona que se supone que más me ama, me abandonó, todos los demás harán lo mismo. Todas las personas que amo me dejan. Nadie podrá amarme así, mancillada. Ya no valgo nada. Nadie me va a creer lo que pasó, van a pensar que fue mi culpa, que yo me lo busqué. Siempre me meto en problemas. Nunca hago las cosas bien. ¿Cómo es posible que en tres meses mi vida se haya derrumbado?"

Abandonada por mi madre, fracasando en la escuela por no querer estudiar, abusada sexualmente, deprimida, ansiosa, sola, sucia… En mi mente adolescente mi vida había perdido el sentido y muchas veces deseé morir. Mi único refugio fueron las letras. Escondí mi dolor en poemas oscuros, en palabras retorcidas que expresaban el asco que emanaba cuando recordaba lo sucedido esa tarde.

Poemas de desamor, poemas de sufrimiento, poemas de muerte, poemas de sombras y de demonios que atormentaban mi mente, lanzándome el reto de terminar con mi vida. A mi entender era una misión simple. Todas las tardes regresaba al nido vacío mientras mi padre trabajaba para sustentar lo que quedaba, que muchas veces éramos solo él y yo.

Un día decidí entrar a la clase de inglés, que era a la que más me ausentaba, y la maestra con cara seria me dijo: "Sarai, ven acá". En vez de cuestionar mis ausencias o regañarme por mis fracasos, ella impuso su mano sobre mi frente y comenzó a orar. Las compuertas de mis ojos se abrieron y salieron violentamente todas las lágrimas que había acumulado. Allí, frente a mis compañeros de clase, me derrumbé delante de Dios y lloré hasta sentir una pequeña paz en mi interior.

Esa oración fue un salvavidas en medio del tsunami, pero las olas no pararían de azotarme por años porque nunca busqué ayuda, guardé silencio hasta que un día las palabras brotaron de mi boca como un volcán en erupción y le dije al doctor Antongiorgi lo que había sucedido. Sentí libertad, dolor, coraje, angustia y la necesidad de reclamarle a mi madre por abandonarme y no estar conmigo esa fatídica tarde de octubre, pero para ese entonces ella ya había fallecido y mis reclamos fueron una carta al viento en la oficina del doctor.

Habían pasado más de diez años y aun así mis heridas eran como quemaduras de tercer grado en carne viva. Era tiempo de sanar, de comenzar de nuevo. En ese momento estaba viendo mi vida como la suma de una tragedia tras otra. Yo fui esa bebé prematura, que nació sin vida, ahorcada por el cordón umbilical. La niña que se sentía invisible bajo la sombra de sus hermanos. La que debió renunciar a la presencia de sus padres cuando su hermana tuvo cáncer. La que fue abandonada por su madre, primero emocionalmente, luego físicamente, y finalmente para siempre.

Mis palabras eran hálito deprimido. Mi alma había sido golpeada tantas veces que no sabía por dónde comenzar. El doctor Antongiorgi fue como un cirujano del alma, ayudándome a extirpar las distorsiones de mi mente para que poco a poco pudiese volver a respirar sin sentir aquel terrible dolor en mi pecho. Sabiendo que el abandono era un tema constante, trabajamos el pensamiento: "todos me abandonan".

En mi mente no había puntos medios. La vida era una película en blanco y negro, donde no existía el gris; era todo o nada, nadie o todos, siempre o nunca. Aprendí que era una distorsión llamada sobregeneralización, y aunque considero que es una forma expresiva de nuestra cultura, también reconozco que es uno de los patrones de pensamiento de quienes sufren personalidad fronteriza. Yo no deseaba cargar con los estigmas que rodean este diagnóstico, por lo cual debía comenzar a romper con los patrones de pensamiento para poder cambiar los de comportamiento.

Quizás puedas identificarte con algunos de los pensamientos de la sobregeneralización que constantemente atacaban mi mente:

- **"Todo** me sale mal"**, cuando algo no me resultaba.
- **"No hago **nada** bien"**, aun sabiendo que hacía muchas cosas bien.
- **"Todos** me hacen lo mismo"**, cuando solo una o dos personas me habían fallado.
- **"No le importo a **nadie"**, a pesar de que varias personas se preocupaban por mí.
- **"No tengo **ninguna** esperanza"**, olvidando que mientras tuviese vida había esperanza.
- **"Siempre** seré un fracaso"**, desconociendo los planes futuros de Dios para mi vida.
- **"Nunca** volveré a ser feliz"**, ignorando que el gozo de Dios es mi fortaleza.

Aprendí a vencer los absolutos de mi mente con los absolutos de Dios. Reconocí que en mi mente yo era una niña abandonada que por muchos años estuvo intentando llenar un vacío que solamente podía llenar Dios. Comencé mi búsqueda en la Biblia solo para descubrir que la respuesta siempre estuvo a mi alcance, escondida entre los Salmos: *"Aunque mi padre y mi madre me dejaran, con todo, Jehová me recogerá." Salmos 27:10 (RVR1960).*

Con lágrimas en mis ojos le pedí a Dios que me acogiera en su abrazo, que me cargara como un padre lo hace con su niña asustada y herida. Así me recogió Dios, me adoptó y me hizo su hija a pesar de mis fracasos, de mis rebeliones, de mis heridas que sangraban; con todo lo que era y no era en ese momento de mi vida, su amor me alcanzó.

Si cerraba mis ojos e imaginaba la cruz del calvario, podía entender que Jesús había experimentado mi dolor. Él también fue despreciado y humillado, sus amigos lo dejaron, y en su momento de dolor clamó al cielo: *"Eloi, Eloi, lama sabachthani, que significa: Dios mío, Dios mío, ¿Por qué me has abandonado?" Mateo 27:46 (NTV).*

En esa imagen de Jesús pude verme y abrazarme al madero para también clamar al Padre. El mensaje de la cruz sana y a medida que me sumergía en la carta de amor que Dios nos entregó a través de la Biblia, pude contrarrestar la distorsión que me atormentaba.

"Todo lo puedo en Cristo que me fortalece." Filipenses 4:13 (RVR1960).

"Nada hay imposible para Dios." Lucas 1:37 (RVR1960).

"Nadie te podrá hacer frente en todos los días de tu vida." Josué 1:5 (RVR1960).

"Ningún arma forjada contra ti prosperará." Isaías 54:17 (RVR1960).

"Den gracias al Señor porque él es bueno; su gran amor perdura para siempre." Salmos 118:1 (NVI).

"Nunca se apartará de tu boca este libro de la ley, sino que de día y de noche meditarás en él, para que guardes y hagas conforme a todo lo que en él está escrito; porque entonces harás prosperar tu camino, y todo te saldrá bien." Josué 1:8 (RVR1960).

Este último versículo es la cura para la distorsión de la sobregeneralización. La terapia cognitiva conductual dice que nuestros pensamientos provocan emociones y esas emociones resultan en comportamientos. Este versículo nos enseña que meditar en la Palabra de Dios, mantener sus enseñanzas en nuestra mente, resultará en un camino próspero donde todo saldrá bien. Está implícito que meditar en las palabras del Libro de la Vida nos produce un bienestar emocional que dará frutos en nuestro caminar.

Y es posible que pienses: "pero la vida no es perfecta, **siempre** ocurren situaciones adversas", y tienes razón; pero como mencioné anteriormente, la Biblia nos da un secreto: cada circunstancia trae aprendizaje, crecimiento, y esperanza: *"Y sabemos que para los que aman a Dios, <u>todas</u> las cosas cooperan para bien." Romanos 8:28 (LBLA).*

En mi travesía por la vida he descubierto que aun los momentos más dolorosos de mi vida han ayudado para mi bien. Soy la suma de cada uno de los eventos que he vivido, los buenos y no tan buenos, los dolorosos e incluso los traumáticos. Sé que un día también podrás experimentar esta verdad, y para continuar el camino que te llevará a tener pensamientos sanos te invito a analizar si la sobregeneralización se ha convertido en un obstáculo para ti.

Culturalmente decimos frases como: "Estuve **todo** el día en la oficina del médico", cuando en realidad solo estuvimos unas horas, pero es la forma hiperbólica en que expresamos una demora. Ejemplos como este no representan una distorsión en nuestros pensamientos, pero tal vez pueden aportar a que nos acostumbremos a expresarnos generalizando. Es entonces cuando en forma inconsciente podemos comenzar a pronunciar frases que eventualmente se vuelvan frustrantes y dolorosas.

"**Siempre** estoy enfermo" es un pensamiento que definitivamente puede causar dolor. Sentirse así constantemente puede traducirse en incapacidad de hacer ciertas cosas a causa del padecimiento, depender de otras personas, incomodar a los demás y, por supuesto, el deseo profundo de salir de esa situación. Una solución que puedo aplicar a este pensamiento es:

"Ciertamente llevó él nuestras enfermedades, y sufrió nuestros dolores; y nosotros le tuvimos por azotado, por herido de Dios y abatido. Mas él herido fue por nuestras rebeliones, molido por nuestros pecados; el castigo de nuestra paz fue sobre él, y por su llaga fuimos nosotros curados." Isaías 53:4-5 (RVR1960).

Esta sanidad comprende todo lo que somos como seres humanos: lo físico, lo emocional y lo espiritual. Significa el deseo de Dios de que vivas una vida libre de los pensamientos que te inquietan. Todos tenemos diferentes vivencias y sistemas de creencias, pero en lo profundo de cada situación podemos encontrarnos con Dios a través de su Palabra para ser sanados, transformados y libertados. Esa ha sido mi experiencia y por eso anhelo poder transmitirte esta fe para revivir tu esperanza de que un día esos pensamientos ya no serán tropiezo en tu vida. ¿Lo crees? ¡Yo lo creo!

Aplicación

---

1. ¿Puedes **reconocer** pensamientos distorsionados relacionados con la sobregeneralización?

_____

_____

_____

2. ¿Cuáles son esos pensamientos?

_____

_____

_____

3. ¿Cómo te sientes cuando tienes esos pensamientos?

_____

_____

_____

4. ¿Qué sueles hacer cuando llegan pensamientos como estos?

_____

_____

_____

5. ¿Deseas **remover** esos pensamientos?

_____

_____

_____

Recuerda <u>restaurar</u> los pensamientos distorsionados con versículos que contrarresten la sobregeneralización negativa.

Oración

Padre mío y Dios mío, ¡Cuán hermoso es saber que tú reinas aun en mi mente! Sé que por mucho tiempo he permitido pensamientos distorsionados en el trono de mi vida, pero hoy reafirmo mi fe en ti. Han sido demasiadas horas de dolor y preocupación a causa de las ideas que llegan a mi mente, por eso decido remover cada uno de los pensamientos erróneos que me afligen y en su lugar permitirme pensar en tu grandeza, en lo absoluto y lo incondicional que encuentro en ti.

Allí donde yo pensaba: "todo me va mal", tu Palabra me alentaba recordándome que *"todo lo puedo en Cristo que me fortalece." Filipenses 4:13 (RVR1960)*, y cuando pensaba que nunca merecería el amor, un susurro en mi corazón decía: *"con amor eterno te he amado." Jeremías 31:3 (RVR1960)*. Incluso cuando pensé que mi vida no valía nada, sentí a Jesús decirme: "Tú vales cada gota de mi sangre".

Por eso y mucho más, te agradezco Dios. No hay muralla que se levante en mi mente que tú no puedas derrumbar con el poder de tu Palabra. No hay palabras que puedan expresar tan inmenso agradecimiento que siento hoy en mi pecho al saberme restaurada por ti. Te agradezco con mi vida entregándote todo lo que soy, confiando en que *"debajo de tus alas estaré seguro" Salmos 91:4 (RVR1960).* Pongo mi vida en tus manos y desde ahora descanso en tu Palabra. ¡*Amén*!

Capítulo VII

TRASTORNADA

"Tengo que rebajar. Me es urgente encoger mi cintura para ser diminuta y delgada como los maniquíes de las tiendas. Debo ser como un gancho de ropa que camina en las pasarelas para mostrar la mercancía. Es mi deber y mi responsabilidad ser flaca, no engordar. Es lo que la sociedad me enseña con cada anuncio en la televisión, en cada promoción, en los estantes de las tiendas, en cada página de las revistas; ser valorada por mi peso, no por mis cualidades intelectuales, emocionales o espirituales.

Un valor inversamente proporcional a mis libras. Ser menos, menos, menos. Debo ser una reina de belleza física, aunque mis adentros sean oscuros como un sótano abandonado y húmedo a causa de la depresión.

También tengo que obtener buenas calificaciones. No importa si mi salud mental se deteriora en el proceso. Estudiar y estudiar, devorar los libros, memorizar las palabras de mis profesores, leer todas las novelas, redactar todos los ensayos, contestar todos los exámenes. No conformarme con menos. Ser la mejor versión de mí misma en medio de un positivismo tóxico que me exige dar más de lo que puedo, porque valdrá la pena sacrificar mi descanso, mi salud y mi sueño por un diez.

Tengo que ser perfecta en todos los sentidos de la palabra, no puedo permitirme fallar porque la palabra fracaso no existe en mi diccionario y mis padres no criaron a una perdedora. Tengo que lograrlo, debo hacerlo. Mi valor depende de mí título, de mis calificaciones, de las letras mayúsculas que acompañarán mi nombre. Sin eso, todo conocimiento y esfuerzo serían en vano.

Tengo el deber de ser buena esposa, sometida y abnegada. Cumplir la dualidad entre cuidar al esposo y mantener una casa. Despertar. Hacer la cama. Preparar el desayuno. Lavar los platos. Hacer la limpieza y tener la comida lista justo antes de que el esposo entre a la casa. Servirle la comida. Atenderlo y complacerlo en todo. Pero también soy madre, y definitivamente tengo que ser buena madre. Sacrificar todos mis sueños para poner los de mi hija primero.

¿O es mi esposo quien va primero?, ¿acaso no era Dios? Dejo de ser yo para ser lo que debo ser para todos. Dios primero. El esposo me dice que él debe ser el segundo.

Mi hija en tercer lugar. La casa le sigue mientras la iglesia va ocupando el puesto número cinco. Es posible que yo sea mi sexta prioridad.

Entonces cambia la rutina. Tengo que ser tantas cosas. Despertar. Orar. Hacer la cama. Preparar el desayuno y lavar los platos. Mi hija busca mi atención, pero también tengo que hacer la limpieza del hogar. ¿Cuándo hago mi estudio bíblico? ¡Necesito tiempo para orar más! La nena tiene que estar duchada antes de que llegue el esposo y debo calcular el tiempo antes de comenzar a hacer la comida.

Como esposa debo mantener una bonita apariencia, pero no he tenido tiempo para peinarme bien, mucho menos maquillarme. El esposo quiere que lo reciba con mucha alegría, a pesar de estar encerrada en la jaula; que lo espere arreglada como cuando era modelo y que lo trate siempre como si fuera mi novio. Tengo que dormir a la nena para que no lo moleste y escuchar con entusiasmo sus aventuras fuera de la jaula. Complacerlo en todo siempre, aunque yo mengüe.

Algunos sábados visito la sinagoga. Los viernes en la puesta del sol tengo que recibir el sábado encendiendo velas e invitando al Espíritu Santo. A partir de ese momento tengo que abstenerme de utilizar cualquier tipo de electrónicos, eso significa que debo dejar apagado el celular, la televisión, la radio, la computadora, y sacar la bombilla de la nevera.

Una vez se pone el sol no puedo prender ni apagar nada, tampoco puedo tirar del papel higiénico, ni ducharme con agua caliente. Los sábados tampoco se cocina, sino que la comida se prepara antes de la puesta del sol y se mantiene caliente con unas planchas de aluminio. A veces se me olvida que no puedo escribir, ni borrar, ni doblar la página para recordar por dónde estaba leyendo. No puedo dejar el lápiz como marcador ni tampoco dejar el libro abierto.

Como no puedo guiar ni ir de pasajera en un auto, tengo que caminar desde el apartamento hasta la sinagoga. Se supone que no cargue a mi hija ni la lleve en coche, pero una vez lo hice y pasé una vergüenza. Como soy casada no puedo mostrar mi cabello, así que debo cubrirlo con una peluca o pañuelo, usar camisas que cubran mis codos y falda que llegue a mis tobillos.

A pesar de lo hermoso del judaísmo es difícil recordar cada norma como no entrar a la cocina mientras estoy menstruando, porque estoy inmunda y contamino todo lo que toco. He cometido muchos errores como lavar los platos que son para lácteos junto con los de carne, cosa que no debía mezclar jamás.

Al terminar el sábado tengo que cambiar de creencia porque el domingo vamos a la iglesia. Es que el esposo lleva una doble vida en la cual frente a unas personas es rabino y frente a otras es pastor. Los domingos me tengo que levantar primero para ducharme y preparar a mi hija, hacer el desayuno y comer a prisa porque tenemos que abrir la iglesia.

Tengo que atender a la prédica, pero la niña se inquieta; no hay salón para su edad. Debo escuchar desde el cuarto de lactancia que crearon cuando varias mujeres quedamos embarazadas al mismo tiempo, allí hablamos un poco de nuestras depresiones y ansiedades. Tres mujeres con bebés, tres esposas de pastores.

El pastor dice que tengo que dejar de amamantar a la nena porque sigo perdiendo peso. Tengo que asistir a consejería donde él me insiste que la crianza de apego es incorrecta y que el esposo es, después de Cristo, mi señor. Escucho la niña llorar fuera de su oficina, pero no me deja ir a consolarla. Debo quedarme sentada, aunque mi instinto materno quiera correr hacia ella y recostarla en mi pecho.

Tengo que ser más mujer que madre; más cristiana que mujer. ¿Cómo se le hace para ser tantas personas en una sola? ¿Tener tantos deberes en un solo ser? Dice el pastor que el cerebro de las mujeres está diseñado para realizar múltiples tareas a la vez, mientras que los hombres solo pueden hacer una. Por eso las mujeres son amas de casa, dice, porque pueden cocinar y escuchar al mismo tiempo lo que hacen sus hijos, y barren la casa mientras la lavadora corre, y tienen todo en orden, pero yo, yo estaba en desorden.

Tengo que ser mejor. Tengo que encontrar qué es lo que está mal en mí. Tengo que consagrarme más y orar más para que Dios me revele por qué sigo perdiendo peso, por qué se me está cayendo el pelo, por qué mis ojeras cada vez son más oscuras, y por qué me siento tan enferma y cansada. ¿Qué es lo que me pasa Dios? ¿Qué tengo que hacer para que mi vida vuelva a la normalidad?"

¿Ya notaste la distorsión?

Aunque todo ser humano tiene deberes, a veces nos imponemos o nos imponen obligaciones que vistas desde un punto objetivo pueden ser absurdas. La afirmación: "tengo que rebajar" es una que he escuchado a toda mujer que conozco decir alguna vez en su vida. ¿De verdad tiene que rebajar?, ¿de veras es algo obligatorio sin lo cual su vida sería irremediablemente diferente?

Nos puede parecer una aseveración correcta si la persona se encuentra en sobrepeso o si su salud está en riesgo, pero es una declaración triste cuando alguien con anorexia, visiblemente delgado, aún cree que necesita seguir perdiendo peso para encontrar su valor como ser humano.

La sociedad nos impone unas creencias que adoptamos como nuestras para ser "normales", aunque el ser normal pueda ser algo completamente diferente para cada persona. Dios nos hizo a su imagen y semejanza, pero la sociedad o el sistema del mundo desea que nos amoldemos a lo que ellos dictan: un modelo inalcanzable, imposible de mantener, ya que cada cierto tiempo los modelos de excelencia cambian, haciendo que todo esfuerzo sea en vano.

Nunca es suficiente delante del mundo. Si eres muy delgado, necesitas subir de peso, pero no demasiado porque no deberías ser gordo. Si estás en sobrepeso, tienes que rebajar, pero no mucho porque te verías más viejo. Si estás soltero, te señalan; si tienes pareja, te preguntan cuándo es la boda. Si te casas, indagan por los hijos, aunque no muchos, porque la situación está mala y no es bueno traer al mundo niños que vengan a sufrir. Debemos envejecer con dignidad, pero no la nuestra, sino la que el mundo dicte que es la correcta.

Y así la mundanalidad se mete hasta en nuestro plato dictando lo que tenemos que comer, la cantidad y las horas correctas para alimentarnos. No seguir estas reglas subliminales nos hace ser personas incorrectas.

Si comemos chatarra, estamos mal; si comemos de menos, estamos mal; si comemos de más, también estamos mal. ¿Cuál es el problema de los "debo" y los "tengo"? Que son imposiciones que de forma inconsciente se convierten en el medidor de nuestro valor. Entonces debo y tengo que hacer tales cosas para ser un humano valioso, olvidando que nuestro valor no se basa en nuestro desempeño, sino en quienes somos en Dios.

Los "debo" y los "tengo" también se infiltran en la iglesia cuando creemos que hacer más significa mayor santidad o mejor relación con Dios. Esto no es necesariamente cierto, existen personas que se desviven por llevar a cabo acciones justas frente a los otros, aunque en lo secreto su corazón vive alejado de Dios. Por eso Jesús enseñó a dar y orar en lo secreto:

"Guardaos de hacer vuestra justicia delante de los hombres, para ser vistos de ellos; de otra manera no tendréis recompensa de vuestro Padre que está en los cielos. Cuando, pues, des limosna, no hagas tocar trompeta delante de ti, como hacen los hipócritas en las sinagogas y en las calles, para ser alabados por los hombres; de cierto os digo que ya tienen su recompensa. Mas cuando tú des limosna, no sepa tu izquierda lo que hace tu derecha, para que sea tu limosna en secreto; y tu Padre que ve en lo secreto te recompensará en público.

Y cuando ores, no seas como los hipócritas; porque ellos aman el orar en pie en las sinagogas y en las esquinas de las calles, para ser vistos de los hombres; de cierto os digo que ya tienen su recompensa. Mas tú, cuando ores, entra en tu aposento, y cerrada la puerta, ora a tu Padre que está en secreto; y tu Padre que ve en lo secreto te recompensará en público." Mateo 6:1-6 (RVR1960).

Si bien podemos demostrar nuestra fe a través de nuestras obras, no son estas las que nos hacen valiosos para Dios. ¿Qué me hace valioso para Dios?

Soy creación de Dios: *"Y creó Dios al hombre a su imagen, a imagen de Dios lo creó; varón y hembra los creó." Génesis 1:27 (RVR1960).*

Soy hijo de Dios: *"El Espíritu mismo da testimonio a nuestro espíritu, de que somos hijos de Dios." Romanos 8:16 (RVR1960).*

Soy escogido por Dios: *"Pero nosotros debemos dar siempre gracias a Dios respecto a vosotros, hermanos amados por el Señor, de que Dios os haya escogido desde el principio para salvación, mediante la santificación por el Espíritu y la fe en la verdad." 2 Tesalonicenses 2:13 (RVR1960).*

Soy amado por Dios: *"Porque de tal manera amó Dios al mundo, que ha dado a su Hijo unigénito, para que todo aquel que en él cree, no se pierda, mas tenga vida eterna." Juan 3:16 (RVR1960).*

Soy salvo por la gracia de Dios: *"Porque por gracia sois salvos por medio de la fe; y esto no de vosotros, pues es don de Dios; no por obras, para que nadie se gloríe." Efesios 2:8-9 (RVR1960).*

La Biblia nos enseña que la carga de Jesús es liviana. Cuando nos sentimos pesados a causa de las cargas que llevamos, debemos analizar si estas provienen de Dios o las llevamos a cuestas a causa de las expectativas de los demás sobre nuestra vida. En Jesús está el descanso que necesitamos para nuestra alma, para nuestra mente, y para nuestro cuerpo.

"Llevad mi yugo sobre vosotros, y aprended de mí, que soy manso y humilde de corazón; y hallaréis descanso para vuestras almas; porque mi yugo es fácil, y ligera mi carga." Mateo 11:29-30 (RVR1960).

Hay muchas cargas que nos son impuestas. He conocido personas que estudian una profesión por tradición familiar o exigencia de los padres, y no se sienten felices ni plenos porque tomaron la decisión de manera forzada para agradar a otros y no para cumplir sus sueños o agradar a Dios.

Hay quienes tienen hijos a causa de la presión social antes de estar listos para la paternidad, o que se casan porque llegaron a cierta edad y no porque estén convencidos de que encontraron el verdadero amor. Y así sucede con otros tantos "debo" y "tengo" que en vez de promover felicidad, paz y salud mental, causan tristeza, dolor, ansiedad y depresión.

¿Cuáles son los "debo" y "tengo" de tu vida? ¿Cuáles han sido esas cosas que has hecho por complacer a otros, aunque en el fondo sentías que no eran para ti? ¿A qué renunciarías si no tuvieras la presión de quedar bien con los demás?, ¿Qué "debo" y "tengo" ha hecho que tu carga sea pesada impidiéndote descansar en Dios?

Un principio que he aprendido en mi proceso es que el descanso es vital. En el libro de Génesis se nos enseña que en el séptimo día Dios descansó. El día de reposo fue creado para la humanidad:

"El día de reposo fue hecho por causa del hombre, y no el hombre por causa del día de reposo." Marcos 2:27 (RVR1960).

Por mucho tiempo el pueblo judío, y luego el cristiano, guardaron el sábado como día santificado y separado para Dios. Más allá del significado espiritual que el sábado pueda tener, debemos también verlo desde el punto de vista del ser humano. Nuestro cuerpo necesita reposo, necesita descanso, pero cada día vivimos en un mundo más acelerado, con mayores exigencias; nos llenamos la mente de "debo hacer" y "tengo que hacer" reduciendo en gran manera el tiempo que le permitimos al cuerpo detenerse.

Hoy estoy consciente de que hubo momentos en mi vida cuando Dios me llevó al desierto por medio de situaciones difíciles para que me viera obligada a detenerme, a reevaluar mis compromisos y decisiones, pero, sobre todo, para que aprendiera a entregarle mis cargas.

La falta de descanso es uno de los detonantes más comunes para la salud mental. No descansar nos pone en un estado tenso, donde continuamos ejerciendo presión sobre la mente y el cuerpo para dar más de lo que podemos. Cuando caemos en un desgaste físico y emocional, a veces ni nos percatamos de cuán cargados estamos, de cuanta falta nos hace descansar físicamente, pero también emocional y espiritualmente en Dios.

Como parte de los pasos que tomé para recuperarme de manera integral, separé un día de la semana para el descanso total. A veces pensamos que es imposible tener siquiera una pausa cuando a cada minuto tenemos que hacer algo. La solución comienza con la organización.

Claro, ningún plan es perfecto y debemos ser flexibles cuando por alguna razón no logramos terminar alguna tarea o labor a tiempo, pero tenemos que ser intencionales en separar un tiempo en el que nada ni nadie interfiera. No debe ser negociable, porque si lo permitimos, terminaremos nuevamente con la agenda llena de "debo" y "tengo".

Lo que no debemos sacrificar incluye el tiempo a solas con Dios, el lapso de reposo integral, el compartir en pareja cuando somos casados, el tiempo con los hijos sin distracciones externas, y el espacio para congregarnos y formar parte de la familia de la fe. Estas conductas las considero pilares de mi salud mental.

En mi tiempo a solas con Dios le hablo, oro, le presento mis peticiones y descanso en saber que Él me escucha. En el reposo integral, me dedico a mí misma, a dormir si lo necesito, a leer algún libro que me interese, a despejar mi mente de las cargas diarias. Compartir con la pareja es vital para cultivar el matrimonio. Recordemos que la familia fue instituida por Dios y, por lo tanto, debemos ser buenos mayordomos y no permitir que las exigencias externas nos hagan quitarle la prioridad a las cosas que son más importantes en nuestra vida.

Los hijos pequeños se regocijan cuando mamá y papá juegan con ellos, cuando los elogian o se hacen partícipes de sus asignaciones, actividades escolares o sus gustos. Los adolescentes y jóvenes disfrutan de conversaciones más profundas, ver películas o dedicar tiempo a lo que les apasiona, pero es necesario cultivar la confianza desde la infancia para cuando lleguen esas edades, que usualmente se consideran difíciles, el adolescente o el joven pueda ver a sus padres como aliados y no como enemigos.

Finalmente, la Biblia nos llama a no dejar de congregarnos. Considero que hay una fuerza poderosa en la hermandad cristiana. No es lo mismo pasar una depresión a solas deseando que alguien escuche, a saber que aun en medio de tal situación hay una familia de la fe orando por tu recuperación, acompañándote en tu dolor y ayudándote cuando las circunstancias lo ameritan.

¿Cómo detener los "debo" y los "tengo"? Haciendo un análisis objetivo de tus prioridades. Se necesita ser objetivo, porque una persona con anorexia definitivamente cree que tiene que rebajar, una persona cuyos padres le exigen cierto nivel académico sentirá que no hay remedio, e incluso alguien en una situación de maltrato puede pensar que su deber es quedarse en el hogar porque no tiene a donde ir. Podría dar cientos de ejemplos, pero lo resumiré de esta forma:

Usualmente no nos damos el lugar que merecemos y por esa causa ponemos las necesidades de los demás antes que las propias, pero la Biblia dice que amemos a nuestro prójimo como a nosotros mismos. Repito, ¡Como a nosotros mismos! La verdad es que muchísimas veces traté al prójimo mejor que a mí misma y pensaba que el amor propio era orgullo. Hoy entiendo que para poder dar lo mejor de mí a Dios y al prójimo, necesito cuidar mi salud integral, descansar, tenerme compasión y no juzgarme tan fuerte cuando fracaso.

Reconociendo los dos grandes mandamientos ponemos en orden nuestras prioridades. Todo lo que te aleje de Dios, que te robe la paz, que te quite el tiempo que necesitas para dedicar a lo que verdaderamente importa, merece ser reevaluado para ver si es algo que deseas continuar o si es un "debo" y "tengo" erróneamente adoptado.

"Entonces los fariseos, oyendo que había hecho callar a los saduceos, se juntaron a una. Y uno de ellos, intérprete de la ley, preguntó por tentarle, diciendo: Maestro, ¿cuál es el gran mandamiento en la ley? Jesús le dijo: Amarás al Señor tu Dios con todo tu corazón, y con toda tu alma, y con toda tu mente. Este es el primero y grande mandamiento. Y el segundo es semejante: Amarás a tu prójimo como a ti mismo. De estos dos mandamientos depende toda la ley y los profetas." Mateo 22:34-40 (RVR1960).

¡Cuán hermoso es saber que la ley se cumple en el amor! ¡Cuán liviano se siente amar genuinamente! Soltar la carga del "debo" y el "tengo" puede ser difícil porque nos acostumbramos a basar nuestro valor en nuestras acciones, pero recuerda: tú vales porque eres una hermosa creación de Dios.

Aplicación

---

1. ¿Puedes **reconocer** pensamientos distorsionados relacionados con el "debo" y "tengo"?

_____

_____

_____

2. ¿Cuáles son esos pensamientos?

_____

_____

_____

3. ¿Cómo te sientes cuando tienes esos pensamientos?

_____

_____

_____

4. ¿Qué sueles hacer cuando llegan los pensamientos del "debo" y "tengo"?

_____

_____

_____

5. ¿Deseas **remover** esos pensamientos?

_____

_____

Recuerda <u>restaurar</u> los pensamientos distorsionados con versículos que contrarresten los "debo" y "tengo" innecesarios.

Oración

Hoy te doy gracias Dios, porque sé que mi valor no se basa en lo que el mundo diga de mí o lo que la sociedad espere, sino en que soy tu creación, soy tu hijo y tú me amas a pesar de mis imperfecciones. Hoy recuerdo la historia del hijo pródigo y te agradezco por tu paciencia, por haberme recibido nuevamente en tus brazos y celebrar que el hijo perdido ha sido rescatado.

Hoy quiero entregarte las cargas que no me han sido impuestas por ti. Ayúdame a tener discernimiento y sabiduría para reconocer cuando algo parezca bueno, pero que no sea el plan que tienes para mí. Dame fuerzas para ser firme y establecer límites que protejan mi salud física, emocional y espiritual. Pon las palabras correctas en mis labios en esos momentos en los que necesite decir "no" para mantenerme en la ruta que has trazado para mí.

Mi deseo es tener mis prioridades claras y mis pensamientos firmes. Ya no quiero ser alguien arrastrado en el vaivén de las expectativas de otros, sino que anhelo ser una persona que se mantiene parada sobre la roca, sobre la fe, sobre aquello que he creído.

Gracias Dios por este maravilloso proceso de transformación que ha ido alivianando mis cargas cada día más. Llevo conmigo un nuevo conocimiento que me ayudará a ser la persona que siempre quise y no creía lograrlo. Gracias por la libertad que nos has dado a través de tu gran amor. *¡Amén!*

CAPÍTULO VIII

LAS ETIQUETAS SON PARA LAS LATAS

La convulsión llegó de golpe. Su impacto repentino me azotó contra el suelo causando que mi mente comenzara a desparramarse. "¡Eres una basura!" Me parecía escuchar los gritos de César a pesar de que nos habíamos separado hace varios años. Mi cuerpo se agitaba como terremoto violento abriendo grietas en mi pecho mientras de mis labios brotaban voces incontrolables a causa del inesperado temblor.

No sé cuánto tiempo estuve convulsionando, pero esos minutos parecieron horas. Una memoria muy específica salió de su escondite y se desnudó delante de mí. "¡Eres una ramera, como tu madre!", continuaba gritando César a pesar de que mi frágil cuerpo estaba reducido en el piso como si fuese una niña asustada delante de un lobo feroz. Quizás por eso convulsionaba, el cuerpo del presente se redujo igual que el del pasado para evocar aquel recuerdo que rompió los límites de mi cerebro hasta dejarme en estado de shock.

Mi cuerpo estaba en el baño de mi casa, pero mi mente me mostraba el apartamento del piso nueve en Isla Verde, sentada en el suelo recibiendo los golpes de cada palabra que César profería hacia mí. ¿Cómo llegamos hasta ese momento? ¿Cuál fue el detonante de tan severo trauma? ¿Qué sucedió antes del golpe que borró mi memoria?

Recuerdo que llevaba varios meses separada de César, pero no sabía qué hacer para terminar la relación. Aunque ya estaba viviendo en la casa de una amiga y experimentando lo que era un hogar seguro, aún estaba dentro del ciclo de maltrato y sentía que él tenía autoridad sobre mí. En nuestras conversaciones siempre aseguraba que, si yo le era infiel, él no me lo perdonaría, así que entendí que esa era la única forma de ponerle fin de una vez y por todas a nuestra desastrosa relación.

Al día siguiente decidí llamarlo y decirle que había tenido un desliz. Esperaba que confesar una infidelidad sería suficiente para terminar el infierno que estábamos viviendo, pero no fue así. César llegó a la casa de Yara exigiéndome que abriera el portón. Yo comencé a llorar en pánico porque honestamente pensaba que él me iba a asesinar.

Es que mientras estuvimos casados me contó que había estado envuelto en el bajo mundo de las drogas en Miami, y que en más de una ocasión tuvo que seguir las órdenes de su jefe y asesinar a varios hombres. En aquel momento yo pensaba que esto era cierto, por lo cual, ver su furia tras las rejas del portón me hizo sentir que yo sería la próxima víctima de violencia doméstica en la isla.

Ahora entiendo lo que en ese momento no sabía, y es que sus historias eran mentiras para manipularme y amedrentarme al hacerme creer que él era capaz de todo; ese día aún no lo comprendía, pues era esclava del miedo que le tenía. Cuando se marchó pensé que ya todo había terminado, pero mi esperanza se derrumbó cuando recibí la llamada del pastor pidiendo que nos reuniéramos en la iglesia a fin de restaurar nuestra relación. Accedí confundida, creyendo que tal vez era lo correcto, sin saber que iba como oveja al matadero al regresar a la cárcel de la que ya una tarde había logrado escapar.

Cuando confesé mi desliz, era más una confesión de intención que una revelación de haber consumado algo. Sin embargo, al salir de la iglesia, César me llevó a la casa en la que había estado viviendo y me pidió recrear todo lo que había sucedido en aquella aventura. Aunque no había ocurrido nada de lo que él estaba pensando, en contra de mi voluntad hizo todo lo que quiso con mi cuerpo bajo la premisa de que eso le ayudaría a sanar mi traición.

Fue allí cuando se abrieron las puertas del infierno. A partir de ahí, César me exigía tener relaciones sexuales a diario, a veces dos y tres veces al día. Mi diminuto ser anoréxico, sometido a su robusto cuerpo que pesaba unas trescientas libras, se seguía desgastando, desviviéndose en lágrimas y abusos soportados en el silencio.

Si algún día le decía que ya no tenía fuerzas o que el cansancio se había apoderado de mi cuerpo, me reclamaba de forma hiriente diciendo: "Aquella noche no estuviste cansada para serme infiel", o me gritaba: "al otro hombre no le dijiste que no". Entonces me obligaba a complacerlo, aunque mi cuerpo permaneciese tieso, como fingiendo que ya había muerto mientras las lágrimas se me escapaban solas en el silencio.

El dolor que cargaba en mis adentros era tanto que recurrí a automutilarme. Mi piel comenzó a expresar lo herida que estaba en mis adentros. Le conté al pastor lo que estaba sucediendo y me pidió cubrir la piel, y si alguien me preguntaba le dijera que había sido un accidente. Cansada de su complicidad en el maltrato que soportaba, le envié una foto de mis brazos mutilados con la pregunta: "¿Crees que esto parece un accidente?" Nunca contestó y me abandonó a mi suerte como caso perdido que no merece atención.

Ya no me quedaban fuerzas, pero a César le sobraban reclamos. Todas las noches eran de gritos, de decirme que era igualita a mi madre, incluso humillándome por haber sido abusada sexualmente en la escuela, como si fuese mi culpa no haber llegado pura a sus brazos. Una noche no soporté más y mientras él gritaba yo trazaba sus palabras con una navaja, primero en mis brazos, luego en mis piernas, hasta que el hastío de ser abusada sexualmente por él a diario me llevó a mutilar mis genitales.

Me tatué la letra escarlata con el filo de aquella navaja, y en vez de provocarle silencio, despertó su pasión. Me levantó del suelo, sangrienta, y mirando toda la mutilación de mi cuerpo, se forzó como todas las otras noches sobre mi cuerpo mientras yo lloraba amargamente, deseando con tantas ganas morir. Como mi llanto lo desconcentraba, giró mi cuerpo sobre la cama para ahogar mi gemido con la almohada, mientras él se abalanzaba sobre mi huesuda espalda. A partir de ese instante la idea del suicidio se hizo palpable, pero sabía que no podía hacerle eso a mi hija, no podía dejarla con el monstruo, con aquel lobo vestido de pastor.

Escapar no era tarea fácil porque me mantenía encerrada en el apartamento. La única oportunidad era durante mi cita con la psiquiatra, así que me tocaba seguir soportando un poco hasta que llegara la fecha. Cuando por fin llegué a la oficina de la doctora Vázquez comencé a llorar y le dije: "No voy a poder recuperarme hasta que salga de allí". Patricia, mi doctora, dejó escapar varias lágrimas y expresó: "¡Por fin!". Me confesó que ya en la clínica habían considerado llamar a las autoridades porque sabían que mi vida estaba en riesgo.

Juntas planificamos el escape en el cual mi mejor amiga Yara también participó. Regresé al apartamento y a toda prisa tomé lo más importante dejando muchas de mis pertenecías atrás. Tuve miedo de que César me encontrara en el elevador, así que preferí correr los nueve pisos por las escaleras hasta llegar a la puerta. Al salir del condominio me esperaba mi amiga en su carro, y al entrar y sentarme tuve un fuerte ataque de pánico que liberaba el terror experimentado en ese infierno. No miré atrás, pero César sabía dónde encontrarme.

Amenazante, llegó hasta la casa de mi amiga donde continuó con su abuso verbal y psicológico, entre tanto, yo lloraba en posición fetal en el piso. Yara se armó de fuerzas y lo obligó a irse llamando a las autoridades. Tuve que ir al cuartel y al tribunal a denunciar sus maltratos mientras él se intercambiaba sus máscaras de pastor sufrido, esposo abandonado y hombre con el ego herido a causa de las múltiples infidelidades que supuestamente yo había cometido. Muchas veces había intentado defenderme, pero nuestras amistades mutuas escuchaban su versión de los hechos y llegaban a su veredicto en el cual yo era la culpable.

En su historia, él contaba cómo yo siempre estuve mal emocionalmente y fui la mujer infiel que le provocaba inseguridades. Según él, yo era esa ramera que emulaba la conducta de su madre, la loca, la tóxica, la depresiva, la anoréxica, la suicida, la mala madre, la Jezabel de la iglesia, la feminista insurrecta. De nada me servía advertirles que él era un pastor falso, un narcisista que en la casa se volvía un demonio, y que sus abusos fueron los causantes de mi enfermedad.

No. No me creyeron. Por el contrario, fueron poniéndome etiquetas con cada uno de los adjetivos que describían lo miserable que era en aquel momento. ¡Eres una basura!, ¡Eres igualita a tu madre!, ¡Por eso nadie te quiere!, ¡No vales nada!, ¡Eres una sucia!, ¡Puerca!, ¡Adúltera! Y el pueblo me apedreaba olvidando que Jesús les había dicho que quien estuviese libre de pecado tirara la primera piedra.

Me miré al espejo así, etiquetada, y entonces agarré mis propias etiquetas y las hice parte de mi piel. Abandonada. Violada. Maltratada. Abusada. Enferma. Deprimida. Cansada. Olvidada. Fui haciendo de cada una de las distorsiones de mi mente una identidad de la cual no podía escapar.

El golpe mental fue tan fuerte que mi cerebro enterró la memoria de este suceso hasta ese día que la convulsión llegó. Abrí mis ojos luego de la convulsión, sin fuerzas, como si hubiese recibido todos los golpes de la vida en un segundo. La sensación de una depresión violenta se apoderó de mi cuerpo y la desesperación del plan de escape revivió en mi corazón.

Me tomó varios días despertar de la pesadilla del trauma para poder finalmente unir todas las piezas del rompecabezas. Ahora podía comprender por qué vivía con una sensación de abismo en mi pecho, o la razón por la cual sufría ataques de pánico, episodios de tristeza y por qué prefería aislarme de los demás. También entendí todas las etiquetas que llevaba a cuestas, las que me pegó César, las que me pusieron los otros y las que elegí yo.

Todas esas palabras se habían vuelto mi identidad, aunque yo no lo quisiese. Cada uno de los insultos de César hacían eco en mi cabeza, como si el maltrato se hubiese convertido en la voz de mi conciencia, repitiéndome las palabras hirientes y prolongando mi dolor. Tuve que recordar que las etiquetas son para las latas y que su función es distinguir un producto de otro; si entráramos al supermercado y las latas de habichuelas estuvieran sin etiqueta, no podríamos saber cuál es la que nos gusta, ni tampoco leer sobre sus ingredientes o valor nutricional.

Pero nosotros, los seres humanos, no necesitamos etiquetas y esas que adoptamos son invisibles, pero duelen. El etiquetaje puede venir desde la niñez; tal vez nos decían que éramos brutos, o tontos, o feos, muy gordos o muy flacos, y aceptábamos esas palabras como verdad, nos rotulamos con esa etiqueta que dio forma a nuestro sistema de creencias.

Así vamos creciendo y viviendo diversas experiencias, agregando etiquetas nuevas basadas en lo que interpretamos de cada evento, o aquellas que nos obligaban a ponernos sin nosotros quererlo. "Ese muchachito es homosexual", se burlaban todos en la escuela hasta el punto de hacerle dudar de su masculinidad y su hombría; allí fue y se posó una etiqueta sobre su personalidad, aunque no le pertenecía. Así nos puede suceder a todos, nos ponemos etiquetas como si fuéramos un producto al que necesitamos identificar.

La sociedad también aporta al etiquetaje cuando señala situaciones personales como el divorcio, la separación, la infidelidad o el embarazo adolescente, y convierte el suceso en una etiqueta: "el divorciado", "el infiel", "la que se embarazó joven", "la viuda", "el bastardo", en fin, acostumbran a cambiarnos el nombre por etiquetas que son circunstanciales, pero que no dejan de doler.

Las personas que han sufrido violencia saben que las palabras del agresor se vuelven etiquetas difíciles de remover: "basura", "tonta", "mala madre", "bueno para nada", "fracasado"; palabras feas que se quedan grabadas en la mente y en el corazón afectando la autoestima, hasta que tenemos el coraje de mirar la etiqueta y arrancarla de nuestro ser.

Por mucho tiempo caminé con etiquetas, algunas ni siquiera me pertenecían, pero como eso era lo que los demás pensaban y no escuchaban mi versión de los hechos, asumí el peso de la etiqueta y no luché por desmentir lo que se decía de mí. Otras etiquetas eran como cintas ganadas en una carrera: "anoréxica", "depresiva", "ansiosa", "enferma", "cobarde".

Imagina cómo sería si nuestras etiquetas fueran visibles para el mundo. ¿Qué sentirías?, ¿vergüenza?, ¿miedo?, ¿frustración? Aunque quienes nos rodean no logran ver nuestras etiquetas, pueden ver las consecuencias que traen a nuestra vida, desde ansiedad y depresión hasta desesperanza total. Aunque tus etiquetas son invisibles, las lees en tu interior a diario, especialmente cuando llegan días no tan buenos, y en medio de la negatividad haces inventario de los nombres que te ha puesto el mundo, la gente y tu propia percepción.

¿Cómo te sentirías si te digo que no es la voluntad de Dios que cargues esas etiquetas? Quizás en un principio parezca difícil de creer o incluso imposible, tal vez creas que mereces cargar esas etiquetas para pagar por tus errores y pecados. Así lo creía yo hasta que la misma palabra de Dios me hizo entender que a pesar de mis fallas, Dios me llamaba por mi nombre.

"No tengas miedo. Yo te he liberado; te he llamado por tu nombre y tú me perteneces." Isaías 43:1 (TLA).

El mundo nos etiqueta y nos llama por nuestros fracasos, faltas y pecados, pero Dios nos llama por nuestro nombre. En el tiempo que estaba trabajando con las etiquetas que llevaba adheridas a mi esencia, me sostuve del significado de mi nombre, Sarai significa princesa y eso era lo menos que yo sentía o creía en ese tiempo; pero sabiendo que Dios me llamaba por mi nombre, era urgente reconocerme, no por los adjetivos descalificativos a los que me había acostumbrado, sino por lo que Dios decía de mí.

¿Sabes quién Dios dice que eres?

Eres hijo de Dios: *"Miren cuán grande amor nos ha dado el Padre para que seamos llamados hijos de Dios. ¡Y lo somos! Por esto el mundo no nos conoce, porque no lo conoció a él." 1 Juan 3:1 (RVA2015).*

Eres coheredero con Cristo: *"Y si somos hijos, también somos herederos: herederos de Dios y coherederos con Cristo, si es que padecemos juntamente con él, para que juntamente con él seamos glorificados." Romanos 8:17 (RVA2015).*

Eres templo del Espíritu Santo: *"¿O no saben que su cuerpo es templo del Espíritu Santo, que mora en* *ustedes, el cual tienen de Dios, y que no son de ustedes?"* **1 Corintios 6:19 (RVA2015).**

Eres perdonado: *"Él mismo llevó nuestros pecados en su cuerpo sobre el madero a fin de que nosotros, habiendo muerto para los pecados, vivamos para la justicia. Por sus heridas ustedes han sido sanados."* **1 Pedro 2:24 (RVA2015).**

Eres libre: *"Estén, pues, firmes en la libertad con que Cristo nos hizo libres, y no se pongan otra vez bajo el yugo de la esclavitud." Gálatas 5:1 (RVA2015).*

Eres nueva criatura: *"De modo que si alguno está en Cristo, nueva criatura es; las cosas viejas pasaron; he aquí todas son hechas nuevas."* **2 Corintios 5:17 (RVA2015).**

Eres escogido: *"Pero ustedes son linaje escogido, real sacerdocio, nación santa, pueblo adquirido, para que anuncien las virtudes de aquel que los ha llamado de las tinieblas a su luz admirable."* **1 Pedro 2:9 (RVA2015).**

Eres embajador de Cristo: *"Así que, somos embajadores en nombre de Cristo; y como Dios los exhorta por medio nuestro, les rogamos en nombre* *de Cristo: ¡Reconcíliense con Dios!" 2 Corintios 5:20 (RVA-2015).*

Eres la obra maestra de Dios: *"Pues somos la obra maestra de Dios. Él nos creó de nuevo en Cristo Jesús, a fin de que hagamos las cosas buenas que preparó para nosotros tiempo atrás." Efesios 2:10 (NTV).*

Y estás completo en Él: *"Y ustedes están completos en él, quien es la cabeza de todo principado y autoridad." Colosenses 2:10 (RVA2015).*

Estas son solo algunas de las verdades que la Biblia dice acerca de ti y de mí. A medida que profundices en tu aprendizaje de la Palabra de Dios podrás encontrar aún más versículos que definen tu identidad en Dios. Yo llegué a los pies de Cristo cargando un sinnúmero de etiquetas, pero en Su presencia pude ir removiéndolas a medida que aceptaba lo que Él decía de mí.

Al principio es normal sentir incredulidad porque nos hemos acostumbrado a cargar con una identidad que no es la nuestra, y cuando nos miramos en el espejo de Dios se nos dificulta aceptar que ve en nosotros algo tan hermoso; sin embargo, la Palabra nos lo va revelando.

Aplicación

1. ¿Puedes **reconocer** pensamientos distorsionados relacionados con etiquetaje?

_____

_____

_____

2. ¿Cuáles son esos pensamientos?

_____

_____

_____

3. ¿Cómo te sientes cuando tienes esos pensamientos?

_____

_____

_____

4. ¿Qué sueles hacer cuando llegan pensamientos como estos?

_____

_____

_____

5. ¿Deseas **remover** esos pensamientos?

_____

_____

_____

Recuerda <u>restaurar</u> los pensamientos distorsionados con versículos que contrarresten el etiquetaje.

Oración

Señor Jesús, te doy gracias porque por tu sacrificio hoy puedo mirarme al espejo reconociendo mi identidad en ti. En este mundo es fácil caer en la trampa del qué dirán, y a veces nos importa tanto que lo aceptamos como realidad, olvidando que Tu Palabra ya ha declarado tantas cosas maravillosas acerca de nosotros.

Por eso hoy, en tu presencia, decido arrancar cada una de las etiquetas que he llevado amarradas a mi personalidad y mi esencia, sabiendo que no provienen de ti y que provocan dolor y angustia a mi corazón. Te entrego mis etiquetas, incluso las que me puse yo mismo. Ayúdame a sanar mi autoestima para que cuando lea Tu Palabra pueda creer que yo soy quien tú dices que soy.

También te pido fuerzas porque reconozco que, aunque arranque estas etiquetas, el mundo querrá continuar llamándome por nombres que no son el mío, cuando lleguen esos momentos tráeme a la memoria todos esos versículos que he aprendido para sostenerme firmemente de ti.

Gracias Padre, gracias Hijo, gracias Espíritu Santo, por la obra maravillosa que estoy presenciando en mi vida. Dame un corazón moldeable, un carácter de hijo y no uno de esclavo como el que por mucho tiempo asumí. Quiero ser como tú, anhelo tener la mente de Cristo y ser completamente libre de los pensamientos que me mantuvieron preso hasta hoy. Es esta mi más sincera oración. ¡*Amén*!

CAPÍTULO IX

¿PIENSA POSITIVO?

"¡Necesitas tener más fe!", "¡Necesitas pensar positivo!", me decían mis hermanos en Cristo, como si curar una enfermedad de salud mental fuese lo más sencillo. "¡Eso se cura con oración!", "¡Necesitas orar más!" Entonces, ¿por qué mi sanidad no llegaba? Asistía fielmente a la iglesia, oraba y clamaba por horas pidiéndole de rodillas a Dios por mi sanidad, pero el único resultado que veía eran los moretones oscuros en mis piernas delgadas.

El ayuno era natural en la anorexia, por lo cual me abstenía de ver televisión, de usar redes sociales e incluso ayunaba palabras, permaneciendo en silencio por horas meditando en la Palabra de Dios. Despertaba al día siguiente y todavía tenía ataques de pánico, depresión y anorexia.

Sentía que apenas sobrevivía. Esto no se parecía en nada a la vida plena que la Biblia prometía, ni tampoco a ese grito diciendo: "¡En victoria!" Cuando algún hermano preguntaba: "¿cómo estás?" Debía haber algo severamente mal en mí, pues por más que intentaba creer que todo estaban bien, al tiempo me daba cuenta de que me engañaba a mí misma tratando de actuar como la gente de la iglesia esperaba: declarar victoria, aunque mi mente fuera un infierno y tuviese miedo de mí misma cuando los pensamientos de muerte inundaban mi cabeza.

"¡No Sarai, no llores más, si vas a llorar debe ser solamente dos minutos y luego te secas las lágrimas y vuelves a sonreír!" Esas fueron las palabras de la pastora que aseguraba nunca estar deprimida y que si necesitaba llorar por algo solo se lo permitía dos minutos, porque más, sería faltarle a Dios. Supuse que los estudios científicos que reconocen el llorar como una ayuda para sanar estaban erróneos y que el versículo más corto de la Biblia: *"Jesús lloró" (Juan 11:35. RVR1960)* tuvo una duración menor a dos minutos.

"La depresión es del diablo", me aseguraba una anciana de la iglesia. Me preguntaba si eso significaba que yo tenía un demonio, y de ser así, ¿realmente era salva? Declaré a Jesús como mi único Salvador y Señor más veces de las que podría haber contado y de todas maneras llegaban esos momentos cuando sentía que una sombra succionaba las fuerzas de mi corazón. ¿Acaso el rey David tenía un demonio?, y ¿qué tal Jeremías? Me preguntaba aun sabiendo que la depresión, el dolor y la desesperación eran también temas bíblicos que aparentemente muchas personas ignoraban.

¿Por qué la iglesia se incomoda ante las emociones complejas y espiritualiza las enfermedades de salud mental? Si bien es cierto que una línea muy fina las separa, hay una gran diferencia entre una persona que sufre depresión a causa de una violación a otra que está deprimida porque le ha abierto las puertas al pecado y a la oscuridad en su vida. ¿De dónde proviene esta confusión?, ¿cuál distorsión provoca sentir que solo podemos pensar positivo?

A esta distorsión se le llama positivismo tóxico. Si bien como cristianos tenemos *"la certeza de lo que se espera y la convicción de lo que no se ve" (Hebreos 11:1 RVR1960)*, podemos tener fe aun reconociendo nuestra realidad, no negándola como si no existiera. El positivismo tóxico invalida las emociones de quien sufre, pues se le hace sentir que sus emociones son incorrectas y que la fe en Dios requiere una fortaleza interior inquebrantable.

El positivismo tóxico olvida las palabras: *"Y me ha dicho: Bástate mi gracia; porque mi poder se perfecciona en la debilidad. Por tanto, de buena gana me gloriaré más bien en mis debilidades, para que repose sobre mí el poder de Cristo." 1 Corintios 12:9 (RVR1960).*

Se ha confundido lo que es la psicología positiva con el positivismo tóxico. Si bien es cierto que ver el mundo con gafas de negatividad es una distorsión cognitiva, lo contrario también lo es. No podemos pintar el cristianismo de rosa porque llevaría a las personas que sufren a dudar de la bondad de Dios. Si los líderes de la iglesia ven solo con lentes de positivismo, cualquier situación que les parezca negativa la pueden adjudicar a un ataque del enemigo, falta de fe, o maldiciones que carga una persona.

Sí, *"para los que confían en el Señor, todas las cosas obran y cooperan para bien…" (Romanos 8:28 LBLA)*, pero no significa negar o invalidar la naturaleza del sufrimiento. ¿Dónde está el límite entre tener fe y caer en un positivismo tóxico que invalida las experiencias dolorosas?

Por mucho tiempo me sentí inadecuada por no poder vencer la depresión con simplemente declarar palabras positivas. Me sentí débil por no poder parar de llorar en dos minutos, y me sentí descalificada porque el problema era yo. Eso me hizo sentirme más aislada y alienada de la comunidad cristiana porque llegué a creer que ser cristiano y padecer una enfermedad de salud mental eran incompatibles.

El positivismo tóxico se ha infiltrado en las iglesias, de tal forma que Luna se sorprendió la primera vez que escuchó a una pastora decir que tenía un problema. Existen líderes que se sienten en la obligación de aparentar una fortaleza insuperable cual si fuesen el mismísimo Jesús. Hay un problema ahí, y es que cuando una persona no tiene debilidades, parecería que no necesita de Dios.

Pastores que no se enferman, profetas a los que no puedes tocar porque trastocas su unción, apóstoles a los que debes rendir cuenta de todo porque son tu cobertura y tu protección, son personas que actúan como si fueran seres divinos y no personas corrientes elegidas por Dios para llevar las buenas nuevas.

Tales conductas han llevado a muchos feligreses a la idolatría de sus pastores, haciéndoles olvidar que quien sana, salva y protege es Dios. Estas palabras pueden sonar ásperas, pero es necesario traer a la mesa la situación porque un significativo número de personas con situaciones emocionales han sido rechazadas, maltratadas y juzgadas bajo esta perspectiva que en nada se parece a la misericordia de Jesús.

Es imperativo reconocer que las enfermedades de salud mental son precisamente eso: enfermedades. ¿Acaso se le juzga igual a un cristiano que sufre diabetes, asma o alta presión arterial? Los estigmas de salud mental han llevado a que las personas no busquen tratamiento y rechacen tomar medicamentos que podrían ayudarles, porque "una enfermedad invisible debería poder ser curada de manera invisible".

Si como cristianos comenzamos a reconocer la diferencia entre una afección emocional y una espiritual, podremos ser más eficaces a la hora de aconsejar, acompañar y ayudar a quienes lo necesitan. Para lo primero se combina la fe y la oración con el tratamiento médico, para lo segundo, utilizamos las armas espirituales que nos ha entregado Dios.

En mi debilidad y pequeñez cuestionaba el propósito de Dios para mi vida, ¿cómo podría Él usarme si cuando menos lo esperaba me despertaba en medio de la noche hiperventilando a causa de los traumas convertidos en pesadillas?, ¿acaso Dios podría usar a alguien que se sentía abandonado?, ¿era valiosa para Él a pesar de mis enfermedades? Cuando estas dudas me invadían, recordaba este pasaje:

"Pues mirad, hermanos, vuestra vocación, que no sois muchos sabios según la carne, ni muchos poderosos, ni muchos nobles; sino que lo necio del mundo escogió Dios, para avergonzar a los sabios; y lo débil del mundo escogió Dios, para avergonzar a lo fuerte; y lo vil del mundo y lo menospreciado escogió Dios, y lo que no es, para deshacer lo que es, a fin de que nadie se jacte en su presencia. Mas por él estáis vosotros en Cristo Jesús, el cual nos ha sido hecho por Dios sabiduría, justificación, santificación y redención; para que, como está escrito: El que se gloría, gloríese en el Señor." 1 Corintios 1:26-31 (RVR1960).

Mi enfermedad era aguijón en la carne. Al igual que Pablo, le pedía a Dios que me lo quitara *(2 Corintios 12:7-10 RVR1960)*, pero pude reconocer que esa debilidad era un constante recordatorio de mi necesidad inmensa de Dios. En mi humildad y dolorosa realidad, Dios comenzó a abrirme puertas para ayudar a otros que, como yo, habían sido abusados, maltratados, sufrían trastornos alimentarios, vidas que necesitaban urgentemente un encuentro con Dios.

Mi humanidad no era obstáculo para ayudar, sino que eso que llamaba debilidad se convirtió en la razón por la cual las personas me buscaban y les entregaba lo que por gracia me había sido dado: el conocimiento que hoy comparto contigo. No podemos robar la gloria de Dios, no debemos actuar como si el evangelio fuese sinónimo de vivir una vida perfecta porque somos imperfectos. Si modelamos una falsa vida perfecta, estaremos alejando a quienes más necesitan ayuda.

Me reconforta saber que la Biblia está llena de historias de seres imperfectos cuya grandeza radicaba en su relación con Dios, en su corazón dispuesto, y en reconocer total dependencia de Dios, sin el cual estaban conscientes de que desfallecerían.

Por esto y más amo la Biblia. Es refrescante encontrar personajes bíblicos que se sentían como yo. Estas personas no le negaban a Dios su dolor por pensar que podría ser falta de fe, sino que en su debilidad se presentaban tal y como eran ante Su presencia, aunque cuestionasen su propósito, el plan de Dios para sus vidas y su propia existencia.

De forma jocosa me identifico con el profeta Jeremías porque la gente se refiere a él como el profeta llorón; pero más allá de ese calificativo, me identifico con que en un momento de frustración tuvo pensamientos de muerte, los cuales posiblemente la iglesia moderna señalaría como incorrectos, demoniacos o una gran falta de fe. Del profeta aprendo que es parte de nuestra naturaleza humana tener episodios de dolor, especialmente cuando lo que nos rodea es negatividad. Dios no desechó a Jeremías a pesar de tener estos pensamientos:

"Maldito el día en que nací; el día en que mi madre me dio a luz no sea bendito. Maldito el hombre que dio nuevas a mi padre, diciendo: Hijo varón te ha nacido, haciéndole alegrarse así mucho. Y sea el tal hombre como las ciudades que asoló Jehová, y no se arrepintió; oiga gritos de mañana, y voces a mediodía, porque no me mató en el vientre, y mi madre me hubiera sido mi sepulcro, y su vientre embarazado para siempre. ¿Para qué salí del vientre? ¿Para ver trabajo y dolor, y que mis días se gastasen en afrenta?" Jeremías 20:14-18 (RVR1960).

¡Cuánto dolor en las palabras de Jeremías! Prefería morir a ser testigo de lo que estaba sucediendo con el pueblo de Dios. Al igual que el profeta, tuve momentos en los que llegué a pensar que la muerte era la única salida, pero Dios en su infinita misericordia cuidó de mí hasta que pude volver a ver la luz en medio de mi tristeza.

En el caso del rey David, sufrir depresión lo acercaba más a Dios porque en su dolor él reconocía la necesidad vital que el ser humano tiene de estar conectado con su creador. Muchas personas pueden identificarse con tal situación, pues en los tiempos buenos es fácil distraer la mirada, pero cuando todos se van, cuando los instantes felices acaban, sentimos la necesidad de volver a encontrarnos cara a cara con Dios, como hizo David.

"Dios mío, estoy tan deprimido aquí

recordándote en este lugar,

desde esta pequeña colina

donde están el monte Hermón y el río Jordán."
Salmos 42:6 (PDT)

No se trata de una vida perfecta, sino de una completamente humana, y en nuestra humanidad reconocer que sin Dios no podemos. Cuando el apóstol Pablo pronunció: *"Todo lo puedo en Cristo que me fortalece" Filipenses 4:13 (RVR1960)*, no se refería a que él era un hombre con poderes especiales gracias a Cristo, sino que estando en Él había aprendido a mantener su gozo, su fe y su esperanza en toda circunstancia:

"Sé vivir humildemente, y sé tener abundancia; en todo y por todo estoy enseñado, así para estar saciado como para tener hambre, así para tener

abundancia como para padecer necesidad. Todo lo puedo en Cristo que me fortalece." Filipenses 4:12-13 (RVR1960).

A este tipo de relación es a la que aspiro, una relación completamente real con Dios, una relación en la que pueda ser transparente y honesta, no solo delante del Padre, sino también de mis hermanos. De esta manera, si Dios se glorifica en mi vida de cualquier modo, todos sabrán que toda la gloria y la honra es para Él.

Como cristianos no es sensato negar nuestras emociones cuando Jesús mismo experimentó la tristeza. Además de haber llorado antes de resucitar a su amigo Lázaro, se sintió sumamente triste en el Getsemaní antes de ser entregado:

"Entonces Jesús les dijo: Mi alma está muy triste, hasta la muerte; quedaos aquí, y velad conmigo." Mateo 26:38 (RVR1960).

Fue en ese instante cuando Jesús le pidió al Padre, que si era posible, lo librara de lo que él sabía, venía, pero que fuera la voluntad de Dios y no la suya. Dentro del marco del positivismo tóxico, en las iglesias he sido testigo de personas reclamándole a Dios el milagro, ordenando que suceda, como si Dios fuera el genio de la lámpara que concede deseos, y sin aceptar un no por respuesta. ¿En dónde queda: *"hágase tu voluntad"*? *(Mateo 6:10 RVR1960).*

Como cristianos, es vital reconocer que la última palabra la tiene Dios, de lo contrario nos sentiremos heridos y decepcionados cuando Su voluntad sea diferente a la nuestra; cuando queramos un sí y Él pronuncie un no. Pasé esta experiencia con la muerte de mi madre. Habíamos orado, ayunado, creído, declarado sanidad; sin embargo, el plan de Dios era diferente. Hoy puedo entender que no hay mayor milagro que la salvación del alma y que esa fue la respuesta de Dios en esa ocasión. Su cuerpo físico pereció, pero su alma vivirá en la eternidad con Cristo.

En medio de mis luchas y pérdidas me sentía sumamente identificada con Job, un hombre que lo tenía todo y lo perdió en un instante. Toda pérdida detona un proceso de duelo, y Job tuvo que pasar por uno muy doloroso antes de que Dios le restituyera lo que había perdido. Las palabras de Job fueron similares a las de Jeremías cuando expresó:

Perezca el día en que yo nací,

Y la noche en que se dijo: Varón es concebido.

Sea aquel día sombrío,

Y no cuide de él Dios desde arriba,

Ni claridad sobre él resplandezca. (Job 3:3-4 RVR1960)

Al igual que a Jeremías, Dios no descalificó a Job por demostrar sus emociones de dolor y amargura. Mi propósito al hablarte del positivismo tóxico es dejarte saber que Dios tampoco te ha descalificado. Si tu experiencia en la iglesia ha invalidado tus emociones, tus sentimientos, o tu salud mental, quiero pedirte perdón, pues quienes causaron ese dolor desconocían el daño que estaban produciendo y verdaderamente creían que lo hacían por tu bien.

Asimismo, si alguna vez te sentiste forzado a cambiar bajo tus propias fuerzas y a ver lo positivo de cada situación hasta el punto de negar tu realidad, hoy te digo que puedes soltar esa carga pesada. Dios no nos pide ser ciegos ante las crisis, más bien, que confiemos en Él en medio de tales circunstancias. Por esto Filipenses 4 es una joya para nuestra salud emocional, además de enseñarnos a contentarnos sea cual sea nuestra situación, también nos enseña a no afanarnos, sino presentarlas a Dios y tener paz al entregárselas:

"Por nada estéis afanosos, sino sean conocidas vuestras peticiones delante de Dios en toda oración y ruego, con acción de gracias. Y la paz de Dios, que sobrepasa todo entendimiento, guardará vuestros corazones y vuestros pensamientos en Cristo Jesús." Filipenses 4:6-7 (RVR1960).

Una vez entregamos nuestros problemas a Dios, podemos comenzar a experimentar la paz de Él. En algunos casos exigirá práctica confiar hasta el punto de no preocuparnos; es preciso recordar que lo usual era intranquilizarnos en gran manera, por lo cual será necesario un esfuerzo consciente para no permitirle a la mente caminar directamente a la duda, al temor y la ansiedad.

Puedo testificar que he visto la mano de Dios cuando no tenía nada, y he recibido Su provisión en tiempos de escasez. Fui sanada cuando la ciencia decía no, y admiro sus maravillosos milagros en mi vida y en la de los demás.

De eso se trata el Evangelio, si pudiéramos suplir todas nuestras necesidades, sanarnos a nosotros mismos, salvarnos por nuestras obras, ¿necesitaríamos a Dios?, ¿hubiese sido necesario el sacrificio de Jesús? Pero como somos humanos, pecadores e imperfectos, tenemos la necesidad de un Salvador, Jesucristo, quien se despojó de su divinidad y se entregó a sí mismo como cordero perfecto para salvarnos a ti y a mí.

No tenemos superpoderes ni somos héroes, solo humanos en todo el sentido de la palabra, con nuestras enfermedades, dolencias, imperfecciones e incluso con nuestras distorsiones cognitivas que nos dificultan vivir a plenitud.

A veces, son las distorsiones de otras personas las que obstaculizan nuestra sanidad y por eso también debemos aprender a reconocer patrones de pensamiento distorsionado en otros, aunque implique analizar lo que se enseña en algunas iglesias.

No es mi intención crear división ni contienda, sino traer sanidad a una distorsión difícil de identificar por su aspecto positivo. El hecho de que algo sea normalizado no significa que sea correcto. Se requiere de humildad para reconocer cuando se está fallando en un área como esta, pero por el bien de nuestros hermanos en Cristo es nuestro deber enderezar lo que está torcido.

Aplicación

1. ¿Puedes **reconocer** pensamientos distorsionados relacionados con el positivismo tóxico?

_____

_____

_____

2. ¿Cuáles son esos pensamientos?

_____

_____

3. ¿Entiendes que has sido victimizado a causa del positivismo tóxico en otras personas?

_____

_____

_____

4. ¿Cómo te hicieron sentir a causa del positivismo tóxico?

_____

_____

_____

5. ¿Entiendes que Dios no te descalifica ni te juzga a causa de tus emociones?

_____

_____

_____

6. ¿Deseas **remover** estos pensamientos?

_____

_____

_____

Recuerda restaurar los pensamientos distorsionados con versículos que contrarresten el positivismo tóxico.

Oración

Padre amado, te doy gracias porque a pesar de mis luchas emocionales tu amor siempre me alcanza. También te doy las gracias porque puedo diferenciar entre la fe y el positivismo tóxico. A través de la fe puedo creer que tú mueves montañas y que, a pesar de mi dolor, tú sigues obrando en mí.

Hoy puedo afirmar que no necesito vivir negando mi realidad humana, sino que aceptar mi humanidad es reconocer que eres tú quien se glorifica en mí. Entiendo que mientras esté en este mundo viviré experiencias incómodas y dolorosas, pero sé que las aflicciones serán temporales, pues espero ese maravilloso día en que Jesús vuelva por su Iglesia.

Te pido que así como me has ayudado a mí a vencer distorsiones cognitivas que estaban arraigadas en mi mente, ayudes a otros a reconocerlas y a sanarlas para que puedan ser verdaderamente libres. Asimismo, danos sabiduría como tu Iglesia para poder entender y ver lo que está torcido para enderezarlo con amor, humildad y alegría.

De igual forma te pido que me ayudes a sanar mi corazón de las heridas causadas por las distorsiones cognitivas de otras personas que me juzgaron e invalidaron mis emociones. Saber que comprendes mi dolor y mis circunstancias es un bálsamo que me ayuda a perdonar y a amar de la forma en que Tú lo haces.

Gracias mi Dios, gracias Jesús, gracias Espíritu Santo. *¡Amén!*

CAPÍTULO X

LA MENTE DE CRISTO

"Sobre toda cosa guardada, guarda tu corazón; porque de él mana la vida." Proverbios 4:23 (RVR1960)

Siempre que leía este pasaje pensaba que guardar mi corazón significaba cuidarlo. De igual manera, cuando buscaba información sobre este versículo, la mayor parte de las fuentes hablaban sobre lo mismo: cuidar el corazón del pecado, de los malos pensamientos, de las emociones y los deseos. No fue hasta que estudié el texto en su idioma original hebreo que pude abrir mis ojos a una realidad más profunda que sentó las bases para este libro.

En este versículo se utilizan dos palabras diferentes para guardar. En primera instancia se emplea la palabra hebrea natsar, cuyo significado en la concordancia Strong es velar, poner guardia o guardar. Pero la segunda ocasión, donde dice "guarda tu corazón", la palabra para guarda es mishmar cuyo significado es lugar de confinamiento, cárcel, prisión, poner guardia, o bajo vigilancia. Esto me llevó a una interpretación más profunda: sobre toda cosa guardada, aprisiona tu corazón, encarcela tu corazón, ten vigilancia de tu corazón, porque de él mana la vida.

Mi primera impresión al descubrir esta interpretación fue imaginar un hermoso joyero blanco, de esos que le das cuerda y emite música sublime. Me imaginé sosteniendo mi corazón y guardándolo en un joyero hermoso que era la Palabra de Dios, el lugar perfecto para esconderlo y proteger la vida misma.

Sin embargo, eso no es todo, la palabra corazón en este versículo es leb, que significa mente. Sobre toda cosa guardada, aprisiona tu mente, porque de ella mana la vida. Cuando la Biblia menciona el corazón, realmente está hablando de la mente, de aquello que consideramos nuestra alma, nuestro ser interior.

Sufrimos a causa de nuestros pensamientos porque no sabemos cómo controlar nuestra mente, cómo mantenerla presa o guardada. La palabra leb aparece en la Biblia 593 veces; eso implica que la mente es sumamente importante para Dios. Algunos de los versículos en los que se utiliza la palabra leb son:

"Y vio Jehová que la maldad de los hombres era mucha en la tierra, y que todo designio de los

pensamientos del corazón de ellos era de continuo solamente el mal." Génesis 6:5 (RVR1960).

"Te alabaré, oh Jehová, con todo mi corazón; Contaré todas tus maravillas." Salmos 9:1 (RVR1960).

"Nunca se aparten de ti la misericordia y la verdad; Átalas a tu cuello, Escríbelas en la tabla de tu corazón." Proverbios 3:3 (RVR1960).

"Fíate de Jehová de todo tu corazón, Y no te apoyes en tu propia prudencia." Proverbios 3:5 (RVR1960).

Cuán diferente vemos estos versículos cuando entendemos que nos están hablando sobre la mente. A través de tal interpretación reconocemos que por nuestra naturaleza humana nuestros pensamientos son de maldad. Aprendemos que podemos alabar a Dios con toda nuestra mente, con consciencia plena. Descubrimos que debemos escribir en la tabla de nuestra mente la misericordia y la verdad, y finalmente, que debemos confiar en Dios con toda la mente y no guiarnos por nuestra propia prudencia.

Cuando **Proverbios 4:23** dice al final: *"porque de él mana la vida"*, la palabra vida es chay y podemos verla en otros versículos incluyendo **Génesis 2:7: "Entonces Jehová Dios formó al hombre del polvo de la tierra, y sopló** *en su nariz aliento de vida, y fue el hombre un ser viviente".*

¡Cuánto cuidaríamos nuestra mente si entendiéramos que nuestros pensamientos pueden ser de vida o de muerte, si reconociéramos que la vida que mana de nuestros pensamientos es similar al aliento de vida que Dios sopló en el primer ser humano!

En el libro de Proverbios dice: *"La muerte y la vida están en poder de la lengua, Y el que la ama comerá de sus frutos." Proverbios 18:21 (RVR1960).*

Tus pensamientos pueden ser vida o pueden ser muerte, es decir, nuestras palabras tienen poder de vida o de muerte, y debemos reconocer que antes de pronunciar algo, esas palabras estuvieron en nuestra mente. De igual forma, hay pensamientos que no pronunciamos en voz alta, pero escuchamos cada palabra de forma audible en nuestro interior. Por eso, debemos ser intencionales en filtrar nuestros pensamientos.

Otro versículo que le añade peso a la interpretación de *Proverbios 4:23* se encuentra dentro del pasaje de *2 Corintios 10:2-5 (RVR1960):*

"Pues aunque andamos en la carne, no militamos según la carne; porque las armas de nuestra milicia

no son carnales, sino poderosas en Dios para la destrucción de fortalezas, derribando argumentos y toda altivez que se levanta contra el conocimiento de Dios, y llevando cautivo todo pensamiento a la obediencia a Cristo".

En estos versículos podemos ver que nuestra lucha no es física, sino emocional y espiritual. Así que nuestras armas tampoco son físicas o carnales, sino aquellas que nos ha dado Dios por medio de Su Palabra, para que podamos vencer todo lo que se oponga a nuestro conocimiento de Dios, y por supuesto, entregándole a Cristo cada uno de nuestros pensamientos en obediencia.

¿Alguna vez has visto un arresto? En algunas ocasiones la persona se entrega voluntariamente aceptando su falta, pero en otras, se resiste y lucha hasta que es sometida y arrestada a la fuerza. Así pasa con nuestros pensamientos. En nuestro proceso de someterlos y llevarlos cautivos a la obediencia de Cristo, se nos hará fácil reconocer y entregar algunos de ellos; sin embargo, habrá otros que resistirán la corrección, que querrán escaparse para continuar haciendo daño, o que simplemente tenemos conciencia de no querer entregar porque significaría renunciar a algo que no nos sentimos preparados para detener.

Entonces, ¿lo que dice *2 Corintios 10:2-5* invalida el uso de medicamentos psiquiátricos? No, de ninguna manera. La farmacoterapia es una aliada de la recuperación, pero debemos reconocer que tomar un medicamento no transforma la mente, más bien ayuda a reducir los niveles de ansiedad, a que los neurotransmisores y receptores funcionen adecuadamente, y a mejorar el estado de ánimo para que se tenga la capacidad de trabajar de manera consciente y eficaz en la transformación de la mente.

Cuando la ansiedad, la depresión, los ataques de pánico o los pensamientos obsesivos compulsivos nos atacan, podemos sentirnos incapacitados para luchar contra nuestro sistema de creencias y los patrones de pensamiento distorsionados. Por eso, acudir a terapia psicológica y psiquiátrica puede ser una herramienta útil para recuperar nuestra salud mental. Por otro lado, estoy consciente de que muchos especialistas ignoran la importancia de la fe y la espiritualidad en la recuperación y es de suma importancia discutir estos versículos que nos arrojan luz para lograr la sanidad de nuestra mente.

Cabe recordar también que el pecado nace en nuestros pensamientos:

"Cuando alguien sea tentado, no diga que ha sido tentado por Dios, porque Dios no tienta a nadie, ni tampoco el mal puede tentar a Dios. Al contrario, cada uno es tentado cuando se deja llevar y seducir por sus propios malos deseos. El fruto de estos malos deseos, una vez concebidos, es el pecado; y el fruto del pecado, una vez cometido, es la muerte." Santiago 1:13-15 (RVC).

Los malos deseos comienzan en nuestra mente. Usualmente no actuamos de inmediato, sino que damos vuelta a esos pensamientos hasta que permitimos que nos seduzcan, y una vez actuamos, se convierten en pecado. Sabemos que la paga del pecado es la muerte y que solamente a través de Cristo podremos alcanzar la redención, pero, además, Dios nos da una herramienta poderosísima al enseñarnos que hay una forma de detener el pecado de raíz; desde el momento de concebirlo en nuestra mente:

"¿Cómo puede el joven limpiar su camino? ¡Obedeciendo tu palabra!" Salmos 119:9 (RVC)

La Biblia es una guía que Dios como Padre ha entregado a nosotros, sus hijos. Conocer sus mandamientos, sus enseñanzas y sus estatutos nos ayuda a tener una vida de constante búsqueda y aprendizaje, sabiendo que es a través de Su Palabra que mantenemos un camino limpio.

Las enseñanzas de Cristo no son para castigarnos si no las cumplimos, fueron establecidas por amor a nosotros. Así como un padre no le da en el desayuno a su hijo todas las golosinas que quiere, Dios sabe que hay cosas aparentemente buenas, pero que tienen el potencial de dañarnos si nos entregamos a los excesos. Hay pensamientos potencialmente destructivos, por eso es urgente aprender a someterlos a la obediencia de Cristo, a Su Palabra, a lo que sabemos correcto.

"No vivan según el modelo de este mundo. Mejor dejen que Dios transforme su vida con una nueva manera de pensar. Así podrán entender y aceptar lo que Dios quiere y también lo que es bueno, perfecto y agradable a él." Romanos 12:2 (PDT).

En la actualidad somos testigos del desenfreno al que puede llegar el mundo. La maldad y el pecado abundan, pero sabemos que *"cuando el pecado abundó, sobreabundó la gracia." Romanos 5:20 (RVR1960).* Dios nos ha equipado por medio de Su Palabra para pelear contra todo lo que el mundo ha normalizado y permitido. En el libro de Efesios capítulo 6 vemos reflejada la armadura de Dios con la cual debemos vestirnos para luchar contra lo que no podemos ver, pero sabemos que existe en el plano espiritual e incluso en el emocional.

"Por lo demás, hermanos míos, fortaleceos en el Señor, y en el poder de su fuerza. Vestíos de toda la armadura de Dios, para que podáis estar firmes contra las asechanzas del diablo. Porque no tenemos lucha contra sangre y carne, sino contra principados, contra potestades, contra los gobernadores de las tinieblas de este siglo, contra huestes espirituales de maldad en las regiones celestes. Por tanto, tomad toda la armadura de Dios, para que podáis resistir en el día malo, y habiendo acabado todo, estar firmes.

Estad, pues, firmes, ceñidos vuestros lomos con la verdad, y vestidos con la coraza de justicia, y calzados los pies con el apresto del evangelio de la paz. Sobre todo, tomad el escudo de la fe, con que podáis apagar todos los dardos de fuego del maligno. Y tomad el yelmo de la salvación, y la espada del Espíritu, que es la palabra de Dios; orando en todo tiempo con toda oración y súplica en el Espíritu, y velando en ello con toda perseverancia y súplica por todos los santos." Efesios 6:10-18 (RVR1960).

La parte que cubre la cabeza, la mente, es el yelmo de la salvación. El yelmo no es más que el casco utilizado por los soldados para proteger su cabeza y su rostro. Sabemos que la salvación llegó a nosotros a través de Jesús, y es precisamente Él, a través de su sacrificio, quien protege nuestra mente si así se lo permitimos. Bíblicamente, Jesús es presentado como la cabeza de la Iglesia, hace sentido que su salvación sea mostrada como la protección en la batalla que lideramos cada día.

Además de vestirnos con la armadura de Dios, en Efesios 4 se nos insta a ser renovados en el espíritu de nuestra mente y vestirnos del nuevo hombre. Cuando reconocemos que las distorsiones cognitivas son parte de nuestra pasada manera de vivir, podemos comenzar a despojarnos de esa vieja naturaleza de pensamiento para ser renovados por medio de la transformación de nuestra mente.

"En cuanto a la pasada manera de vivir, despojaos del viejo hombre, que está viciado conforme a los deseos engañosos, y renovaos en el espíritu de vuestra mente, y vestíos del nuevo hombre, creado según Dios en la justicia y santidad de la verdad." Efesios 4:22-24 (RVR1960).

Otro versículo que aporta a la visión de la sanidad de la mente por medio de la transformación que solo es posible cuando entregamos nuestra vida a Jesucristo, está en los Salmos:

"Crea en mí, oh Dios, un corazón limpio, Y renueva un espíritu recto dentro de mí." Salmos 51:10 (RVR1960).

En esta ocasión, la palabra corazón es leb, es decir, mente. "Crea en mí, oh Dios, una mente limpia, y renueva un espíritu recto dentro de mí". Este Salmo es una oración a Dios, una petición. Dios es nuestro hacedor y nuestro creador, por lo cual Él también tiene el poder de renovar, restaurar y recrear lo que se ha distorsionado en nuestro interior.

Las distorsiones cognitivas que me mantenían presa dentro de mi propia mente eran producto de un pasado doloroso, de situaciones que yo no podía controlar ni cambiar. Sin embargo, llegó un momento cuando tuve que reconocer y creer que el pasado ya no tenía poder sobre mí; ese ayer que un día fue doloroso ahora era un testimonio para la gloria de Dios; y cuando el mundo, la gente o el mismo Satanás intentaban señalarme a causa de mi pasado, yo contestaba como Jesús lo hizo al enfrentar al diablo en el desierto: *"Escrito está" (Mateo 4:1-11).* Escrito está que estando en Cristo soy una nueva criatura, que las cosas viejas pasaron.

"De modo que si alguno está en Cristo, nueva criatura es; las cosas viejas pasaron; he aquí todas son hechas nuevas." 2 Corintios 5:17 (RVR1960).

Jesús tenía la capacidad de defenderse del ataque de Satanás de cualquier manera, pero su modo de hacerlo es una lección para nosotros, pues siendo el Hijo de Dios nos enseñó que nuestra mejor defensa, nuestra espada, es la Palabra de Dios. Por eso es de suma importancia hacer del estudio bíblico un hábito y recordar esos versículos que nos hablan de nuestras propias debilidades.

Por muchos años sufrí de insomnio. No se trataba solo de no poder conciliar el sueño, sino que sentía miedo de quedarme dormida porque tenía episodios de terror nocturno y de parálisis del sueño, por lo cual evitaba dormirme hasta que saliera el sol. En mi proceso de recuperación anotaba los versículos que eran medicina para mi insomnio, los pegaba en las paredes, en la puerta del refrigerador, en los espejos, con el fin de repetirlos hasta memorizarlos y convertirlos en mi oración diaria.

- Oraba el **Salmo 91** haciendo énfasis en el versículo **5**: *"No temerás el terror nocturno, ni saeta que vuele de día".*

- *"Yo me acosté y dormí, y desperté, porque Jehová me sustentaba." Salmos 3:5 (RVR1960).*

- *"En paz me acostaré, y asimismo dormiré; Porque solo tú, Jehová, me haces vivir confiado." Salmos 4:8 (RVR1960).*

- *"Cuando te acuestes, no tendrás temor, sino que te acostarás, y tu sueño será grato." Proverbios 3:24 (RVR1960).*

Repetí el mismo proceso con versículos para vencer la ansiedad, el temor, e inclusive para reconocer mi valor en Cristo. Algunos fueron:

- *"Echando toda vuestra ansiedad sobre él, porque él tiene cuidado de vosotros." 1 Pedro 5:7 (RVR1960).*

- *"En la multitud de mis pensamientos dentro de mí, tus consolaciones alegraban mi alma." Salmos 94:19 (RVR1960).*

- *"Jehová es mi luz y mi salvación; ¿de quién temeré? Jehová es la fortaleza de mi vida; ¿de quién he de atemorizarme?" Salmos 27:1 (RVR1960).*

- *"No temas, porque yo estoy contigo; no desmayes, porque yo soy tu Dios que te esfuerzo; siempre te ayudaré, siempre te sustentaré con la diestra de mi justicia." Isaías 41:10 (RVR1960).*

Estos y muchos otros textos bíblicos se convirtieron en mi oración y meditación diaria. Cuando venían pensamientos distorsionados los removía y reemplazaba por los versículos que corregían la distorsión.

Las distorsiones cognitivas pueden traer pensamientos distintos según la persona, por lo cual sería muy extenso analizar cada una para presentar el versículo adecuado que la reemplace. Sin embargo, entre todos, encontré uno destacado, lo considero el mejor filtro y mi constante recordatorio para estar consciente de mis pensamientos y eliminar todo lo distorsionado.

"Por lo demás, hermanos, todo lo que es verdadero, todo lo honesto, todo lo justo, todo lo puro, todo lo amable, todo lo que es de buen nombre; si hay virtud alguna, si algo digno de alabanza, en esto pensad." Filipenses 4:8 (RVR1960).

Cuando los pensamientos distorsionados abrumaban mi mente provocando emociones negativas o dolorosas, me preguntaba: ¿Es este pensamiento verdadero?, ¿es honesto?, ¿es justo?, ¿es puro?, ¿es amable?, ¿es de buen nombre?, ¿es virtuoso?, ¿es digno de alabanza? Usualmente la respuesta a todos los interrogantes era un gran NO. Entonces, basándome en este versículo, decidía que esos pensamientos debían ser desechados y reemplazados.

Para mí, todo interrogante se contestaba en Cristo,

- **¿Es verdadero?** *"Jesús le dijo: Yo soy el camino, y la verdad, y la vida; nadie viene al Padre, sino por mí." Juan 14:6 (RVR1960).*

- **¿Es honesto?** El libro 1 Pedro dice acerca de Jesús: *"No se halló engaño en su boca." 1 Pedro 2:22 (RVR1960).*

- **¿Es justo?** *"Hijitos míos, estas cosas os escribo para que no pequéis; y si alguno hubiere pecado, abogado tenemos para con el Padre, a Jesucristo el justo." 1 Juan 2:1 (RVR1960).*

- **¿Es puro?** *"Y sabéis que él apareció para quitar nuestros pecados, y no hay pecado en él." 1 Juan 3:5 (RVR1960).*

- **¿Es amable?** *"Así como el Padre me ha amado, así también yo los he amado a ustedes; permanezcan en mi amor." Juan 15:9 (RVC).*

- **¿Es de buen nombre?** *"Y en ningún otro hay salvación; porque no hay otro nombre bajo el cielo, dado a los hombres, en que podamos ser salvos." Hechos 4:12 (RVR1960).*

- **¿Es virtuoso?** *"Y Jesús dijo: Me ha tocado alguien; porque yo he conocido que ha salido virtud de mí." Lucas 8:46 (RVA).*

- **¿Es digno de alabanza?** *"Digno eres, Señor y Dios nuestro, de recibir la gloria y el honor y el poder, porque tú creaste todas las cosas, y por tu voluntad existen y fueron creadas." Apocalipsis 4:11 (NVI).*

Jesús es la respuesta

"Ciertamente llevó él nuestras enfermedades, y sufrió nuestros dolores; y nosotros le tuvimos por azotado, por herido de Dios y abatido. Mas él herido fue por nuestras rebeliones, molido por nuestros pecados; el castigo de nuestra paz fue sobre él, y por su llaga fuimos nosotros curados." Isaías 53:4-5 (RVA).

Todo el dolor y la angustia que podamos experimentar no es ajena para Jesús. Este pasaje bíblico siempre toca profundamente mi corazón porque veo a Jesucristo cargando mi enfermedad, mi dolor. Él fue castigado para que yo pudiese experimentar la paz que sobrepasa todo entendimiento. Jesús dio su vida para curarme, para curarnos, para sanar nuestras dolencias físicas, emocionales y espirituales. Meditar en sus obras, sus palabras y su sacrificio es medicina para nuestra mente. Allí donde llega la sangre de Cristo hay transformación, hay libertad, hay redención.

Tal vez para el mundo esto sea locura, pero los que creen saben que es posible *(Marcos 9:23)*. Muchas veces tuve que decirle a Jesús, creo, ayuda mi incredulidad *(Marcos 9:24),* pero no desistía, sabía que había poder en la Palabra de Dios, en el nombre de Jesús y en la guía del Espíritu Santo.

Me sostuve de la Palabra de Dios como si mi vida dependiera de ello, porque realmente así era. Apliqué todo lo que en mis palabras he plasmado, y hoy mi historia es vivo ejemplo de que Dios puede sacarte del lugar donde estás. Ya sea que sufras depresión, ansiedad, ataques de pánico, trastornos alimentarios o un dolor insoportable a causa de un trauma o enfermedad de salud mental, quiero que tengas la fe de que Dios ha venido a tu encuentro.

Confía en la obra del Espíritu Santo en tu vida. Él fue enviado por Dios Padre para ser nuestro Consolador, nuestro Maestro y nuestro Guía en el caminar en Cristo.

"Mas el Consolador, el Espíritu Santo, a quien el Padre enviará en mi nombre, él os enseñará todas las cosas, y os recordará todo lo que yo os he dicho." Juan 14:26 (RVR1960).